Wilhelm von Kügelgen

ISBN 978-1-326-46022-8

Drei Vorlesungen über Kunst.

Von Wilhelm von Kügelgen.

Vorwort.

Wie und zu welchem Zweck diese Vorlesungen
entstanden, das sollte billig dieses Vorwort sagen;
doch scheint es, als könne mit solcher Wissenschaft den Lesern kaum wesentlich gedient sein.
Vielleicht genügt es hier zu bemerken, dass vorlie-
gende Blätter keineswegs geschrieben wurden, um
Kunst und Wissenschaft noch irgendeinen Menschen wohl wesentlich zu fördern, wie wir denn
wenig Bücher haben möchten, die sich mit Wahrheit solcher Zwecke rühmen dürften. Die Sprache
ist zunächst gegeben, dass man sich ausspreche,
und darum reden wir denn auch zunächst; findet
es sich dann aber, dass nebenbei durch unsere
Rede ein fremdes Verständnis sich erweiterte, so
haben wir gut geredet und die Sprache hat ihren
höchsten Zweck erfüllt.

Der Verfasser.

Erste Vorlesung.

Wenn von einer Wissenschaft der Kunst die Rede ist, so ist damit nicht gemeint, dass die Kunst ein Wissen sei; sondern es ist hier nur der Begriff der Kunst als Gegenstand des Wissens angesehen. Die Kunst selbst kann nicht gewusst, sondern nur ausgeübt und verstanden werden; aber es kann doch mehr oder weniger gewusst werden, was Kunst sei.

Nun kommt man nicht zur sittlichen Vollkommenheit durch das Wissen um das Gute und wird kein Künstler durch das Wissen um die Kunst; daher sich denn auch solche Wissenschaft weder an die Künstler wendet, von denen sie in der Regel gern entbehrt wird, noch an solche, die in ihrem richtigen Gefühle für das Schöne mehr als bloßes Wissen haben. Aber auch diejenigen, denen jenes Gefühl abgeht, oder in denen es verbildet und verkümmert ist, meinen ja eine Gabe nicht entgegennehmen zu dürfen, die sie entweder schon zu besitzen glauben, oder die ihnen gleichgültig ist.

So gleicht denn diese wie alle Weisheit einem köstlichen, in tiefer Schlucht vergrabenem Schatze, den niemand heben mag, nicht die Reichen, denn sie meinen, Besseres zu haben, und nicht die Armen, weil sie einen Wert nicht kennen.

Indessen gibt es in dem Geiste des Menschen, wenn er aus den Zerstreuungen des Lebens bisweilen zu sich kommt, und nun genötigt ist, mit sich allein sich selber anzuschauen, ein Fragen nach dem Grunde aller der mannigfaltigen Erscheinungen, die er an sich wahrnimmt. Hier tritt ihm denn nun auch das besondere Wesen der Kunst entgegen, und die Frage nach ihr ist es, aus welcher die Wissenschaft der Kunst hervorgeht und an die sich diese ihrerseits auch wieder wendet.

Die Frage nach der Kunst wirbt der einsamen Wissenschaft ein Publikum aus allen Klassen der Gebildeten, und wo sie nicht ist, da ist auch kein Verständnis möglich; wo sie aber ist, da wird sie zur spürenden Wünschelrute, die in der Hand des

Gedankens unausbleiblich den Weg zum Schatze finden wird.

Ehe wir nun aber diesen nicht leichten Weg antreten, einen Gang, der uns durch dürre Steppen, durch Tiefen und über Höhen dem Begriffe der Kunst näher bringen soll, scheint es nötig noch zu bemerken, wie hier keineswegs in den engen Grenzen einiger kurzen Vorträge der vollständige Bau eines Systems der Ästhetik erwartet werden dürfe. Nur was der Verfasser im Laufe seiner Erfahrung an der Kunst und ihrem Objekte, dem Schönen, mit Deutlichkeit zu erkennen geglaubt hat, sollte hier auf möglichst fassliche Weise in allerlei Formen kurz zusammengestellt werden.

So tragen wir denn nun näher hinzutretend das Licht des Gedankens an einen Gegenstand der ursprünglich nicht theoretisch, sondern praktisch zu erfassen ist, und versuchen wie weit es uns gelingen möge ihn begrifflich einzusehen.

Wenn wir einen dunkeln Gegenstand näher beleuchten wollen, so tun wir wohl, zuerst hinzuhorchen, was in seiner einfachen Benennung die Sprache von ihm aussage. Aus der Benennung eines endlichen Dinges ist freilich in der Regel auf sein Wesen nicht zu schließen, und wenn wir vom Eisen, vom Salz, vom Kalk u. s. w. nichts wissen, als den Namen, so sagt uns der Name von der Natur dieser Dinge auch weiter nichts aus. Der Name eines Begriffs aber sagt gemeiniglich von diesem mehr aus, als wir denken, und begreift, wenn er zweckmäßig ist, das allgemeinste und Bezeichnendste desselben in sich. So wie z. E. Tugend, Schönheit, Hässlichkeit u. s. w.

Die Abstammung nun des Wortes Kunst von Können ist augenscheinlich, denn die Kunst gehört dem Können an. Der Begriff des Könnens aber deutet ein Vermögen an, eine Tatkraft, eine Bewegung des Lebens von Innen nach Außen, entgegengesetzt dem Kennen, Erkennen oder Aneignen, worunter wir eine rückwirkende Bewegung von außen nach innen verstehen. Unter der Bedingung dieser beiden entgegengesetzten Richtungen ist aber einzig und allein alles Leben zu denken, welches wesentlich Bewegung ist, entweder ausstoßend oder einziehend, nehmend oder gebend, offenbarend oder erkennend, und auch das geistige Leben des Menschen ist nur insofern lebendig, als es entweder gestaltend nach außen dringt oder erkennend Äußeres sich aneignet.

Somit wäre also die Kunst im Allgemeinen jener nach Außen gehenden schöpferischen Richtung angehörig, welche in allen Gebieten des Lebens unablässig Innerliches äußerlich gestaltet, entgegengesetzt jener andern, welche Äußerliches dem inneren wieder zuführt und gleichartig macht.

Die Kunst also, angehörig dem geistigen Menschenleben, würde vorerst nichts anderes sein, als die praktische Fähigkeit, Inneres, Ideales äußerlich hinzustellen oder zu realisieren, so wie, dem entgegengesetzt, die Wissenschaft, jene theoretische Beschaffenheit des Geistes, Äußerliches oder Reelles zur Erkenntnis des inneren zu bringen. Siehe da das Pulsieren des geistigen Menschenherzens, mittelst dessen es lebt und sich bewegt! Wer würde hier nicht erinnert an die Richtung des plastischen Bluts der Arterien, welches, nach Außen getrieben, zum festen Gebilde wird, und an die der rückstrebenden, aufgelösten Flüssigkeit der Venen, welche zum Herzen zurücktritt, um sich hier mit neuer Luft des Lebens von oben zu verbinden! Hier sind im Bilde Kunst und Wissenschaft und der Strahl von oben, der die höhere Bedingung und das innere Wesen alles Lebens ist.

Somit umfassen diese Beiden das ganze Gebiet des menschlichen Erkennens und Handelns, und sind daher als Gegensätze auch gegenseitig durch einander bedingt, indem alles vernünftige Handeln Erkenntnis voraussetzt und alle Erkenntnis sich nicht anders als handelnd gestalten kann. Die Wissenschaft bedarf der Kunst zur Darstellung ihrer Resultate, die Kunst der Wissenschaft zur Erkenntnis dessen, was sie darstellen soll.

So ist uns denn nun gleich zu Anfange unserer Untersuchung an der Hand der Kunst deren ernste, tiefsinnige Schwester, die Wissenschaft, begegnet, teils um an ihrem Dasein uns negativ zu zeigen, was jene nicht ist, und teils, um uns das An-

einandersein beider zu veranschaulichen; denn es
ist die Kunst selbst, bevor sie bildet, des Erkennens fähig, ebenso wie die Wissenschaft der Darlegung des Erkannten. In beiden aber begrüßen
wir mit Dank gegen den, der unsere höhere Natur
nach einem Bilde schuf, die starken Träger alles
wirklichen Menschenlebens, an welchen sich dieses aus seinen leiblich tierischen Anfängen zum
höheren Dasein zu entwickeln hat.

Aber gerade aus diesem Grunde danken auch
Kunst und Wissenschaft ihren Ursprung eben
dem Mangel, welchem sie abhelfen sollen, indem
sie sich zunächst aus dem Konflikte entwickeln, in
welchen die innere, nach Einheit, Ordnung und
Zweckmäßigkeit strebende Natur des Menschen
mit der anscheinenden Vielheit, Unordnung und
Zwecklosigkeit der äußern Natur geraten muss.

So geht denn also die Kunst, mit der wir es jetzt
zu tun haben, ihrerseits hervor aus einem Bedürfnis nach dem Guten und nach Vollkommenheit,
welchem die äußere Natur in ihrer Unmittelbarkeit
durchaus nicht entspricht. Es fügt der Mensch die

Zweige eines Baumes zusammen, und gestaltet sie nach der ihm inwohnenden Idee des gegen die Unregelmäßigkeit der Witterung schützenden Obdaches, und nutzt die Felle der Tiere zu Kleidern sich gegen Hitze und Kälte zu schützen. Aber ebenso wenig als er wie die Schnecke von Natur sein Haus auf dem Rücken trägt, noch einen Pelz am Leibe, wie der Bär, ebenso wenig steht sein inneres Bedürfnis nach Ordnung im Einklange mit den Abwechselungen der äußeren Erscheinung der Dinge, welche er daher häufig als Unordnungen empfindet, gegen die seine Kunst ankämpft, indem er dieselbe z. B. durch Eindämmung der Flüsse, durch Austrocknung der Sümpfe u. s. w. gemäß den Ideen seiner höheren Natur umgestaltet.

In allen diesen Fällen verhält der Mensch sich vervollkommnend und ordnend zur Natur, welche somit der Kunst, wie vorhin die Wissenschaft, als ein Anderes ja Gegenteiliges entgegentritt. Was sich aber entgegengesetzt ist, das ist nicht nur durch einander bedingt, sondern es hat sich auch aneinander, und so bedarf denn auch die Kunst der Natur, nicht nur als bildungsfähigen Stoffes und die Natur der Kunst als Aufschwungsmittels zu ihrer höheren Bestimmung, sondern die Natur ist auch selbst künstlerisch, so wie die Kunst als integrierender Teil der Natur natürlich ist. – Unter Natur aber verstehen wir im Allgemeinen das ganze Bereich der Wirklichkeit nach Form und Inhalt, welches nicht nur die menschliche Kunst mit umschließt, sondern auch an sich als Kunstwerk angesehen wird, indem die Natur nichts anderes ist, als die Realisierung nach außen getriebener göttlicher Ideen. Im engeren Sinne jedoch, nach welchem Kunst und Natur voneinander unterschieden werden, nennen wir Natur nur diejenige Beschaffenheit der Wirklichkeit, welche diese unmittelbar an sich selbst hat, ohne dass menschliche Ideen umgestaltend oder regelnd auf sie eingewirkt haben, wodurch die Kunst als ein menschlicher Tätigkeit Angehöriges bezeichnet ist, welches dem, auf das sie umgestaltend einwirkt, der Natur, schlechterdings entgegengesetzt bleibt. Mit andern Worten, wir nennen das, was von selbst wird, natürlich, das aber, was durch freie, menschliche Willenstätigkeit und zwar nach Überwindung von Schwierigkeiten gestaltet ist, nennen wir künstlich. Denn da, wo keine Schwierigkeiten zu überwinden sind, da gehört unsere Handlungsweise bloß unsrer natürlichen Beschaffenheit an.

Wo die Resultate der Willenstätigkeit von der Art sind, dass ohne Kenntnis und Übung ein Jeder sie hervorbringen kann, wie z. B. Essen, Trinken, die Backen aufblasen oder in die Hände klatschen, da reden wir immer nur von Natur und meinen, das sei eben keine Kunst, die wir nun also auch in dieser andern Beziehung der Natur entgegengesetzt finden. Was alle von Natur können, wird weder bewundert noch bemerkt, und wenn einer z. B. ankündigen wollte, er werde, ohne zu stolpern oder zu fallen, eine Kegelbahn durchschreiten, der würde auch unter den bescheidensten Bedingungen kein Publikum finden.

Dennoch aber liegt das eigentliche Wesen der Kunst nicht in der Überwindung von Schwierigkeiten, noch ihr Zweck im Beifall oder der Verwunderung, sondern es unterscheiden sich eben dadurch die Kunstwerke von den Kunststücken, dass erstere zu vernünftigen Zwecken solche Ideen realisieren, die von selbst entweder gar nicht oder nicht hinlänglich in die Erscheinung treten, dahingegen letztere einer ideenlosen bloßen Kunstfertigkeit angehören, wie z. B. die Fertigkeit jener Frau war, sich in liegender Stellung einen

Amboss auf den Leib setzen zu lassen, auf welchem Hufeisen geschmiedet wurden, während sie mit fester Stimme einige Strophen aus der Adelaide fang.

Wo also zu vernünftigen Zwecken die menschliche Idee sich veräußert, welches immer die Überwindung von Schwierigkeiten voraussetzt, da die Idee, um sich zu realisieren, ein Fremdartiges, die Natur, sich erst gleichartig zu machen hat, da reden wir von Kunst. In dieser Beziehung nennen wir es Kunst, entweder äußere Dinge, als z. B. eine Musik, eine Grammatik, eine Lokomotive so zu gestalten, dass der beabsichtigte Zweck dadurch erreicht werde, oder auch, und dies ist die Kunst des Lebens, innerlich unser eignes Leben der ihm inwohnenden, höheren Idee gleichartig zu machen. Was aber seiner Idee entspricht, ist gut, daher denn wohl auch aller Kunst kein andrer Zweck untergeschoben werden kann, als Gutes herzustellen oder zu gestalten, wenn auch nur in allgemeinster Bedeutung des Wortes, nach welcher z. B. auch die Herstellung einer Höllenmaschine gut sein kann.

In der Tat lohnt es sich auch nicht der Mühe, mit Fleiß und Aufwand vieler Kraft, was andres darzustellen, als was Gutes, denn das Andere des Guten ist ja nichts anderes, als das Schlechte. Das Schlechte aber, wo wir es als solches erkennen, weisen wir nicht nur unbedingt von uns ab, sondern es gestaltet sich auch ohne Kunst und sonderliche Mühe überall von selbst. Schlechtes zu gestalten, bedarf es keiner Kunst, denn das verstehen wir alle aus dem Grunde von Natur. Ein jedes Kind kann sachlich, sittlich und ästhetisch Schlechtes ohne Mühe hervorbringen. So ist es keine Kunst, einen Knoten zu machen, der nicht hält, es ist sehr leicht, das Gute unterlassen und hat durchaus keine Schwierigkeit, Missklänge oder monströse Formen hervorzubringen. Hier aber möchte entgegnet werden, dass es doch auch schwer sein könne, einen unhaltbaren Knoten zu knüpfen, wenn er nämlich das Aussehen eines haltbaren haben solle, dass es schwer sein könne, ein bestimmtes, etwa vom Staate anbefohlenes Gute zu unterlassen, und keineswegs leicht, monströse Formen nach einer Aufgabe, dieser genügend zu bilden. Und allerdings im Allgemeinen Gutes zu gestalten, ist zwar schwer und Schlechtes gar leicht; die Aufgabe aber, ein bestimmtes Schlechtes hervorzubringen, kann auch verfehlt werden, und erfordert deshalb Kunstfertigkeit.

Indessen liegt es am Tage, dass solche Aufgaben für Narrheit oder Bosheit dem eigentlichen Wesen der Kunst fremd sind, denn sollte die Kunst in ihren Resultaten sich lügnerisch erweisen, so ist ja doch eigentlich keine Idee, sondern gerade das Gegenteil, ein Unsinn realisiert worden. Oder sollte die schaffende Kraft im Menschen sich bloß zerstörend zeigen, wie das immer geschehen müsste, wo mit Überwindung von Schwierigkeiten Böses herbeigeführt würde, da entspräche sie ja gerade ihrem eignen Wesen nicht, welches Gestaltung ist. Das Böse aber ist wie Finsternis und Kälte nur negativer Art, und von einer eigentlichen Gestaltung des Bösen kann daher wissenschaftlich nicht die Rede sein. Übrigens abgesehen hiervon, möge die Aufgabe der Tätigkeit sein, welche sie wolle, so wird, wo sie gelöst ist, der Täter mit vollem Rechte sein „Gut gemacht!" sich zurufen dürfen, und die Kunst, hervorgegangen aus dem Bedürfnisse nach Gutem und Vollkommenem, wird nie bezwecken, ihren Zweck nicht zu erreichen, noch einen als schlecht erkannten Zweck verfolgen können.

Hiernach möchten wir nun befugt sein, in jedweder Sphäre der Tätigkeit alles willkürliche Zustandebringen des Guten Kunst zu nennen, wenn auch anscheinend mit dieser Definition eben noch nicht gar viel gefunden wäre; denn immer noch fallen hier Kunst, Handwerk und Religion, soweit diese der Willenstätigkeit angehört, in Eins zusammen, und wenn wir auch die Frage nach der Religion als Gestaltung des sittlich Guten vorerst hier fallen lassen dürfen, so haben wir doch vielleicht beim Beginne unserer Untersuchung gerade wissen wollen, worin die Kunst ein Andres sei als das Handwerk.

Im Allgemeinen der Wissenschaft und Natur entgegengesetzt, sind allerdings Kunst und Handwerk ein und dasselbe; indessen sondert sich doch die Kunst als schöne Kunst wieder vom Handwerk, und setzt sich diesem entgegen, und eben nicht die Kunst im Allgemeinen, sondern insbesondere die schöne Kunst soll ja der Gegenstand unserer Betrachtung sein.

Vielleicht hilft uns auch hier wieder der Name zur Sache. Die Kunst, die wir meinen, nennen wir schöne Kunst. Das Wort „schön" aber leiten wir her von Schein und schön sein und scheinen möchte in seiner allgemeinsten Bedeutung sich als ein und dasselbe ausweisen.

Fragen wir nun weiter nach dem Begriffe des Scheinen, so wird uns die Antwort, das Scheinen habe eine doppelte Bedeutung, und heiße einmal, in die Augen fallen, also augenfällig oder überhaupt die Sinne reizend sein; ein andres Mal wieder, sich durch irgendeine Form kundgeben. Die erstere Bedeutung lassen wir jedoch als Nebenbedeutung fallen, und halten uns an die letzte, wirkliche, eigentliche und allgemeinste des Wortes. Während also das Handwerk zu äußern Zwecken wirkliche Gegenstände macht, so stellen die Kunstwerke nur scheinbar Wirkliches dar. So liefert das Handwerk einen wirklichen, die Malerei bloß scheinbar einen Tisch, und hierher gehören alle Kunstdarstellungen, die zunächst keinen inneren oder eigentlichen künstlerischen Zweck noch Gehalt haben, alle jene Darstellungen, durch welche irgend in der Wirklichkeit vorhandene Dinge, als künstlerische Vorstudien oder zu wissenschaftlichen Zwecken veranschaulicht werden sollen, z. B. natur- und gewerbwissenschaftliche Bilder.

Der Zweck indessen solcher Kunstdarstellungen ist ein Äußerer, und sie unterscheiden sich daher vom Handwerk nur durch ihre oben angegebene Natur der bloß scheinbaren Wirklichkeit. Das Handwerk aber ist wesentlich der schönen Kunst entgegengesetzt, obgleich auch diese Gegensätze sich aneinander haben; denn ohne Handwerk, ohne Werk der Hand, kann kein Werk schöner Kunst zu Stande kommen, ebenso wenig als irgendeiner vollendet guten Leistung des Handwerks die Schönheit mangeln wird. Aber in dem Gebiete der Kunst bezweckt eben die schöne Kunst gerade das, was das Handwerk nicht bezweckt, wenn sie das Gute, indem sie es zu einer wahren Gestalt bringt, mittelst dieser offenbart und lieb und wert zu machen sucht, während das Handwerk das Gute nicht um seiner selbst willen, sondern zu Nutz und Frommen des äußern Gebrauchs zu realisieren strebt; daher die schöne Kunst dem Handwerk gegenüber steht, wie das Absolute dem Relativen.

Doch damit dies nicht als Machtspruch erscheinen möge, wird es nötig, nähern Verständnisses halber, zurückzukehren zum Begriff des Schönen, als des Prädikats der schönen Kunst, das wir bis jetzt nur in seiner allgemeinsten Bedeutung als ein Scheinen erkannt haben.

Allerdings ist das Schöne immer ein Schein, und wenn wir von der Schönheit einer Sache reden, so reden wir nicht von dem, was sie ist, sondern von dem, was sie scheint, und auch nicht von dem, was sie zu sein scheint, sondern wir reden von ihr, insofern sie erscheint, nicht von ihrem Wesen, sondern von ihrer Form. Indessen finden wir, dass nicht jede Form schön sei. Wir nennen die eine Form schön, die andre hässlich, und es fragt sich, woran wir denn eigentlich das Schöne vom Hässlichen unterscheiden. Fragen wir die Leute danach, so werden wir erfahren, dass sie schön nennen, was ihnen eben gefällt, und wenn es sich findet, dass dem einen gefällt, was dem andern missfällt, so wird dann wohl noch hinzugesetzt, dass dies Geschmackssache sei und über den Geschmack sei nicht zu streiten.

Nun lässt es sich allerdings darüber nicht streiten, was einem besser schmeckt, süß oder sauer; denn das ist individuell und muss dies Jeder am besten wissen. Wollten wir aber die Schönheit zu einer bloßen Geschmackssache machen, so würden wir oft genötigt sein, ein und dieselbe Sache bald schön und bald hässlich zu nennen. So gab es eine Zeit, in welcher gotisch und hässlich für gleichbedeutend galten. Später aber mit Goethes Auftreten, als man überhaupt anfing, das Vaterländische mehr zu beachten, wuchs die Freude am Gotischen dergestalt, dass man am Ende geneigt war, in demselben allein noch die Lösung der architektonischen Aufgabe anzuerkennen. Ebenso haben wir es ja erlebt, dass die deutschen Maler (da plötzlich in unserm Vaterlande die Fremdenliebe in Fremdenhass umgeschlagen war), nur noch der echt deutschen Schule Geltung lassend, sich eben so sehr für Magerkeit begeisterten, als etwa Rubens es früher für Fülle getan hatte.

Die Erfahrung lehrt, dass, wenn die Mode, dieser temporelle und lokale Ungeschmack, heute die Gestalt unserer Frauen der Tonne des Diogenes oder der großen Glocke zu Ollmütz ähnlich macht, wir dies schön finden. Verwandelt sie sie aber morgen in den blühenden Stecken des Aaron, so finden wir dies schöner, und bringt sie uns endlich übermorgen die monströse Gestalt des Fasses zurück, so finden wir dies am schönsten.

Da scheint es denn doch, als habe die Schönheit ihren Ursprung im Überdruss und in der Langenweile. Aber nein! Der Schein hat uns betrogen, die Schönheit nicht, die Mode ist das Kind dieser beiden Ausgeburten eitlen Müßigganges; die beliebte Mode, welche der Schönheit ebenso gegenübersteht, wie der lokal und temporell beschränkte, sogenannte gute Hausverstand der Philosophie. Und wirklich kann sie, wie auch dieser, in große Irrung führen, da sie oft Hässliches schön erscheinen lässt, und, (da das Hässliche, wie wir später finden werden, die Form des Schlechten ist), oft Böses lieb gewinnen lehrt.

Mit ihr hat Schönheit nichts gemein, und es wäre ja dann die Schönheit auch eigentlich gar nichts, weil sie sich in sich selbst widerspräche, und mit ihr auch wäre nichts die Kunst; denn wenn man sie als den Gegenstand der schönen Kunst bezeichnet hat, so wäre ja auch die Kunst, indem sie ein bloßes Nichts zu ihrem Gegenstande macht, allerdings so nichtig, als der gesunde Hausverstand vieler Geschäfts- und Gewerbsleute sie sich in der Regel vorstellt, eben weil er nicht die Sache selbst, sondern, wie er sich auch ausdrückt, etwas dabei denkt, und zwar etwas Falsches.

Nein, der Begriff des Schönen ist ebenso wie der des Wahren und Guten ein fest begrenzter, unabhängig von allem subjektiven, oft so tollen und wüsten Geschmack der Leute, und es kann Hinz etwas grundhässlich finden, was doch wahrhaft schön ist; und Kunz kann sich begeistern für eine Form, die doch grundhässlich ist.

Das Wort schön fanden wir, komme her vom Schein, und alles Schöne sei ein Schein. Wenn wir nun aber weiter fanden, dass nicht jeder Schein schön sei, so blieb die Frage nach der Schönheit immer zurück. Dass die Beantwortung dieser Frage nicht leicht sei, wird ein jeder leicht begreifen, und es bleibt nur zu wünschen übrig, dass ihre Lösung, wie sie hier versucht werden soll, eben so leicht begriffen werden möge.

Schauen wir genauer hin, so werden wir finden, dass der Schein oder besser die Form eines Dinges, wenn durch sie der Inhalt sich wirklich offenbaren oder darstellen solle, nicht trügen dürfe, sondern die wahre Form sein müsse, d. h. die ihrem Inhalte gemäße. Indessen wird ein Jeder durch Beispiele sich leicht klarmachen können, dass auch eine solche Form nicht immer die schöne sei, und zwar allemal da nicht, wo der Gegenstand oder Inhalt ein schlechter ist.

Schlecht aber nennen wir das, was seiner Idee nicht entsprechend ist, und betrachten wir nun z. B. eine Rose, die durch ungünstige Stellung oder sonstige Hindernisse in ihrer freien Entwicklung gestört wurde, so wird eine solche Rolle ihrer Idee nicht entsprechen, sie wird im Ganzen oder in einzelnen Teilen keine wirkliche Rose sein, und wir werden auch ihre Form nicht schön finden. Hieraus erkennen wir nun, dass die Schönheit die wahre Form, nicht eines jeden, sondern nur eines guten Inhalts ist und finden hier Wahrheit, Schönheit und Güte eng aufeinander bezogen und gegenseitig durch einander bestehend; denn was wäre der Schein, wenn ihm die Wahrheit fehlte, und was wäre das Gute, wenn es nicht erschiene.

Da wo das Gute erscheint, da ist die Schönheit oder mit andern Worten, die Schönheit ist die Erscheinung des Guten. Was seiner Idee gemäß ist, das ist gut und nur das mehr oder weniger seiner Idee gemäße ist wirklich. Die Schönheit ist die dem Guten adäquate Form oder die wahre Form des Wirklichen.

Hiermit nun haben wir die Schwelle des Tempels überschritten, und wenn wir es begriffen haben, was die Schönheit sei, so werden wir nun auch mehr oder weniger einschauen in das wahre Wesen der schönen Kunst, von welcher oben gesagt ist, dass sie das Gute, indem sie es zu einer wahren Gestalt bringt, mittelst dieser lieb und wert zu machen suche.

Um indessen die hier gegebene Definition an einzelnen Beispielen zu erhärten, kehren wir vorerst zu dem Bilde der Rose zurück und untersuchen, wie weit wir an ihrer reizenden Gestalt uns das Gesagte veranschaulichen können.

In der Natur, werden wir finden, ist nun eben alles gut, was sich frei, ohne störenden Einfluss von außen entwickelt hat. Ist nun die Rose frei, d. h. durch sich selbst bestimmt, auf günstigem Standorte, zur günstigen Jahreszeit und unter sonstigen günstigen äußern Bedingungen, erblüht, kurz ist ihrer Entwicklung nichts feindlich oder gewalttätig entgegengetreten, so wird sie auch durchaus eine wirkliche Rose, ihre Form aber schön sein.

Die Rose, wie sie aus der Hand der Natur hervorgegangen, ist andrer Wesenheiten zu geschweigen, eine Blume mit fünf Kronenblättern und vielen Staubgefäßen. Hat sie weniger als fünf Kronenblätter und weniger als viele oder vielleicht gar keine Staubgefäße, oder hat sie mehr als fünf Kronenblätter, so entspricht sie der Idee der Rose nicht und ist folglich weder eine wirkliche, noch schöne Rose.

In diesem Falle ist nun aber gerade die Zentifolie; denn indem durch Übermästung ihre lebendigeren, wesentlicheren Blütenteile, die Staubgefäße in Blattform übergehen, vermehren sich die materielleren, gröberen Teile, die Kronenblätter, auf zwecklose und der Fruchtbildung nachteilige Weise – doch halt! – Bis hierher hat man sich den so entwickelten Begriff der Schönheit vielleicht gefallen lassen; nun aber, da er konkret geworden ist, erhebt sich die Opposition des unmittelbaren Geschmackes, denn er ist in seinem Liebling, in seinem kleinen Idol, der Zentifolie, gar bitter angegriffen worden. Aber in der Tat sollte ja durch das Gesagte Niemandem die Freude an einem so reizenden Gegenstande verkümmert werden, da ja durchaus nicht geleugnet ist, dass die Zentifolie, wenn sie nur nicht gerade als Rose angesehen wird, ein dem Auge schmeichelndes, treffliches Ding sei, wie auch eine bunte Quaste an der Gardine oder eine Agraffe im Haar. Als Blume aber ist sie keine eigentliche oder eigentlich keine Rose und folglich auch keine schöne.

Fragen wir diejenigen, die genauer die Gestalten der Pflanzenwelt zu betrachten gewohnt sind, die Botaniker, welche nicht, wie die kleinen Kinder, die sich an dem entzücken, was ihnen in die Augen fällt, vom Schein geblendet sind, so werden auch sie uns sagen, dass sie in der gefüllten Rose keine Rosa, sondern eine Monstrosa sehen.

In der Tat hätten auch die Blumen Augen und Bewusstsein, so würden sie die gefüllte Rose mit eben dem Gefühle betrachten, welches in uns durch das Anschauen dicker Menschengestalten angeregt wird, die übrigens auch keineswegs bloß von dem noch rohen Geschmacke mancher wilden Völkerschaften, sondern sogar leider von Malern, die sich dem Modeeinfluss nicht hatten entziehen können, der natürlich proportionierten Gestalt vorgezogen worden sind, und hier wird auf das Urteil des Paris von Rubens in Dresden u. a. dergleichen Bilder mehr verwiesen.

Da übrigens der Begriff des Schönen, auch wissenschaftlich, nach innerer Notwendigkeit bestimmt, nicht abweichen darf von den Ergebnissen einer gesunden, unbefangenen Anschauung, so ist ein Jeder, der ein natürliches und unverdorbenes Gefühl sich zutraut, hiermit aufgefordert, doch einmal ohne Vorurteil die Schönheit unserer wilden Heiderose anzuschauen. Diese leichte geistige, diese einfache und rührende Gestalt, wie sie mit der feinen Wölbung zartroter Kronenblätter das reiche Leben zahlreicher goldener Staubgefäße so sauber birgt, und mit ihren Genossen Girlanden bildend, leicht getragen wird von dem schlanken und doch kräftig grünenden Zweige. Sollte diese liebliche Form, so wahr und lebendig, nicht ansprechender sein, als die der gefeierten Gartenrose, welche doch mehr oder weniger aus einem Klumpen zwecklos übereinander geschichteter Blätter besteht, die nichts zu bergen haben, als andere kleinere, immer verkrüppeltere Blätter, und wie ein Gewicht den kümmerlichen, blattarmen Zweig nach unten ziehen.

Wo es gilt, in einem Garten durch Anhäufung großer farbiger Massen einen Totaleindruck zuwege zu bringen, da möchte wohl gerne schon ihrer längeren Dauer wegen der gefüllten Rose der Vorzug zuzugestehen sein; wo es sich aber um Schönheit handelt, um die wahre ergreifende Gestalt leiblich gewordener göttlicher Ideen, da hat die wilde Rose den Vorzug, wie sie, wenn auch ungesehen und unbewundert, einsam an unsern Felshängen blüht.

Aber siehe da, wenn der erste Einwurf vielleicht von dem Gefühle freundlicher Frauen herrührte, die da Mitleiden hatten mit dem Glanz und alten Namen der Zentifolie, so haben wir jetzt einem Bedenken ernsteren männlichen Verstandes zu begegnen, das besondere Berücksichtigung für sich in Anspruch nimmt. Denn allerdings kann nicht geleugnet werden, dass was dem einen recht, dem andern billig sei, und dass unser Begriff der Schönheit nicht allein an dem Bilde der Rose, sondern eben auch an den Bildern aller andern endlichen Dinge aufgehen müsse.

Nun aber meint man, könne nicht in Abrede gestellt werden, dass das Hässlichste, welchem ein menschliches Auge begegnen könne, die Kröte, nach dem gegebenen Begriff ebenso wohl auf Schönheit Anspruch mache als die Rose. Denn wenn die Kröte in ihrem dumpfen Mauerloch sich frei und naturgemäß entwickelt hat, das heißt, wenn sie vier feuchte, kalte Pfoten, einen dicken, runzligen Bauch, einen stumpfen Kopf und ein Paar Glotzaugen hat, so wird ihre Gestalt notwendig auch schön genannt werden müssen.

Wie gesagt, dieser Einwurf scheint nicht unbedeutend, und da er von dem guten Hausverstande herrührt, der theoretisch bündig kaum zu widerlegen ist und überdies von dem natürlichen Gefühle unterstützt wird, so wird es vieler Worte bedürfen, um ihm nach seiner Weise zu begegnen.

Wir müssen nicht vergessen, dass, wenn wir philosophieren oder denkbare Gegenstände als das denken wollen, was sie sind, wir notwendigerweise von allem unmittelbar Gegebenen abstrahieren müssen und also auch absehen bei Untersuchung der Schönheit individueller Formen, von der subjektiven Lust oder Unlust, die wir bei ihrem Anblicke empfinden, denn dass nicht diese Lust oder Unlust das Gesetz des Schönen sei, haben wir hoffentlich schon eingesehen. Wenn also jemand gefragt würde, warum er die Kröte hässlich finde, so würde er logisch nicht als Grund angeben können, weil ihre Gestalt ihm Unlust oder Abscheu errege, denn indem in seinen Augen Hässlichkeit und was ihm Abscheu erregt, ganz einerlei ist, so hätte er eigentlich geantwortet, er fände sie hässlich, weil er sie hässlich fände. Wollte er aber sagen, er fände die Kröte hässlich, nicht weil sie ihm und auch nicht weil sie der Mehrzahl der Menschen Abscheu errege, sondern weil diese Unlust an der Gestalt benannten Tieres in der Natur eines unverdorbenen menschlichen Gefühls liege, und gesetzt, er hätte dies, was ihm sauer werden sollte, auch bewiesen, so hätte er eben auch nicht viel Klügeres geantwortet, da ja eben nach dem Grunde dieses Abscheus, der hier nur als Phänomen erscheint, gefragt wird.

Wer es versucht hat, eine Kröte zu zeichnen, und verzeichnete sich dabei, der wird gefunden haben, wie doch die natürliche Kröte schöner sei, als sein verfehltes Bild, eben weil diesem die Wahrheit fehlte. Oder wer eine Kröte gesehen hat, die in ihrer freien Entwicklung gestört oder schwer verletzt war, der wird gern zugestehen, dass die gesunde Kröte schöner sei als jene kranke. Wenn aber von einem Gegenstande gesagt werden kann, er könne mehr oder weniger schön sein, so ist ihm damit die Möglichkeit einer relativen Schönheit schon zugesprochen.

Freilich wird es solchen, die nur von unmittelbaren Eindrücken abhängen, schwer, die Kröte sich als ein Gutes, als ein in seiner Art Vollendetes zu denken, und doch muss dies vorher geschehen sein, ehe die Schönheit derselben erkannt werden kann. Man denkt sich leicht die Kröte als ein Verfehltes, so wie auch den Affen. Man meint, erstere hätte wenigstens ein Frosch, letzterer ein Mensch werden müssen. Man sieht diese Gestalten an wie verunglückte Versuche einer stümperhaften Natur.

Wenn man aber, indem man eine Kröte betrachtet, nicht verlangt, dass sie einer Taube, einem Hirsche oder einem Adler gleichen solle, sondern sie hinnimmt, als das, was sie ist, als Kröte, so wird man ihr auch die Vollendung ihrer krötenhaften Form nicht absprechen können. Die Kröte aber erregt häufig Abscheu, nicht weil ihre Form ihrem Wesen nicht entspräche oder weil die Natur sich hier vergriffen hätte, sondern weil ihr ganzer schleichender, giftiger, lichtscheuer Habitus, dem ihre Form entspricht, sich der Natur des Menschen feindlich entgegensetzt. Daher wir denn auch geneigt sind, indem wir unserm unmittelbaren Gefühle folgen, die Kröte nicht für die Realisierung einer göttlichen, sondern einer teuflischen Idee zu halten; indem wir doch selbst zwar unwillkürlich, aber ganz unbefugt dies Teuflische erst in sie hineinlegen.

Nichts kann für das unmittelbare Gefühl zurückstoßender sein als der Anblick eines menschlichen Skelettes, nicht weil es, wenn es völlig ausgebildet ist, an sich hässlich wäre, sondern weil, wie dem Feuer vor dem Wasser, dem Leben vor dem Tode graut, und der lebendige Mensch in den Überresten eines andern lebendigen Menschen zuerst und unmittelbar nichts anderes sieht als ein Bild des Todes. Wo aber durch künstlerisch betriebenes anatomisches Studium das Zweckmäßige in dem Bau eines Skeletts erkannt ist, wo durch Nachbildung eines solchen das Auge genötigt ist, genauer hinzusehen, da ist auch der feindliche Eindruck überwunden und man findet sich geneigt, die Schönheit eines solchen Knochenbaues anzuerkennen.

So erregt der Anblick eines Fliegenpilzes vielen Menschen Abscheu, bloß, weil sie unwillkürlich die Vorstellung von Vergiftung damit verbinden; den russischen Bauern aber, die ihn, wie man sagt, auf unschädliche Weise zu bereiten wissen, wird er gewiss nichts weniger als hässlich erscheinen. Ebenso geht es mit den Schlangen; und gewisse Tiere werden nur deswegen hässlich gefunden, weil sie die Ähnlichkeit einer geliebten Gestalt auf verfehlte Weise wiedergeben, sodass wir in ihnen also nur das unvollkommene Bild eines Andern sehen, wie in der Gestalt des Affen das Bild des Menschen; und es ist nicht unwahrscheinlich, dass ihrerseits die Affen an dem Menschen auch nichts weiter vermissen, als dass er nicht vollkommen Affe sei. Von der gleichen willkürlichen Anforderungen an irgendeine Gestalt müssen wir ganz absehen, wollen wir anders zum Begriffe der Schönheit durchdringen, und gelingt uns dies, so werden wir gerne eingestehen, dass der Affe als Affe eben so schön sei, als der Mensch als Mensch und werden mit Freuden einem jeden Dinge seine Ehre geben.

Hiernach nun möchte es einigen, die falsch verstanden haben, scheinen, als wäre allen endlichen Dingen auf der obersten Stufe ihrer Entwicklung auch gleiche Schönheit zugesprochen worden, und doch wurde nur behauptet, dass ihnen allen Schönheit zukomme. So konnte oder muss vielmehr mit Fug und Recht allen sichtbaren Dingen Licht zugeschrieben werden, aber der Kürze wegen im alltäglichen Verkehre würde man mit Recht das eine im Verhältnis zum andern dunkel nennen können.

Je nachdem ein Ding mehr oder weniger ein vollendet endliches, wirkliches Ding ist, je nachdem wird ihm auch mehr oder weniger Schönheit zukommen, und in dieser Beziehung nennen wir z. B. die eine Hyazinthe schöner als die andere. In höherer Beziehung aber finden wir den Menschen schöner als das Pferd, das Pferd schöner als das Schwein, das Schwein schöner als die Kröte, und wenn es sich nun frägt, wodurch denn hier die höhere Schönheit bedingt sei, so werden wir sogleich sehen, dass auch diese Schönheit nichts anderes sei, als die wahre Gestaltung guten Inhalts.

Dass Etwas besser sein könne als gut, wird nicht bestritten werden; denn es ist ja damit nur gesagt, dass etwas weniger gut sein könne als gut. Plus A und minus A sind aber beide A. Haben die aus verschiedenen Substanzen verfertigten Lichter, die wir auf unsere Leuchter stecken, außer dem Zwecke, reinlich, sparsam und möglichst dampflos zu brennen, auch noch den höheren, uns zu leuchten, so wird in dieser Beziehung ein jedes Licht gut sein, das uns leuchtet, das bessere aber das heller leuchtende. Schön ist die Form, wurde gesagt, die einen guten Inhalt mit Wahrheit zur Anschauung bringt. Schöner, wird nun hinzugesetzt, würde die eines besseren sein.

Wenn nun der Zweck der erschaffenen Dinge nicht bloß der wäre, in möglichster Individualität das ganz zu sein, was sie als Dinge für sich sein sollen; wenn in diesem äußern, niedrigeren noch ein innerer höherer Zweck verborgen wäre und zwar der, durch die Individualität des Endlichen die ewigen unendlichen Ideen Gottes zu offenbaren, die in den Endlichen Wirklichkeit und Gestalt gewonnen haben, so würden in dieser Beziehung diejenigen die besseren sein, durch die genannter Zweck am vollkommensten erreicht würde. Erreicht nun wird aber dieser Zweck der Vernunft gegenüber, von allen erschaffenen endlichen Dingen, soweit sie nur eben wirklich sind, aber erreicht in verschiedenem Grade und in verschiedener Weise. Was nun die Weise anlangt, so wissen wir, dass ein Ding angesehen werden kann nach seiner Form und nach seinem Inhalte, künstlerisch und wissenschaftlich. Die Kunst berücksichtigt allein die Form. Sie hat also auch die Dinge, nach dem was ihre Form von ihnen aussagt, zu klassifi-

zieren und setzt, obgleich sie keinem in sich voll-
endeten Dinge die Schönheit abspricht, doch das
eine über das andere, je nachdem dieselben durch
ihre Form, der Vernunft gegenüber ihren eigentlichen und höheren Inhalt, das Göttliche, mehr
oder weniger veranschaulichen.

So kann die Wissenschaft, indem sie die Zweckmäßigkeit des Baues einer Kröte und das durch
diesen Bau veranschaulichte eigentümliche Leben
und Wesen in der Kröte betrachtet, allerdings zur
Bewunderung und auch wohl Anbetung hingeris-
sen werden, nicht der Kröte, sondern der Weisheit
und Gewalt der schöpferischen Kraft, welche sie
ins Leben ruft. Allein die Kunst, obgleich sie der
Kröte eine individuelle Schönheit nicht abspricht,
wird doch die Form derselben, welche in zu grel-
lem Widerspruche steht mit den Anforderungen
des natürlichen unmittelbaren Geschmacks, gewiss nicht wählen, um durch sie irgendeine göttliche Idee auszusprechen. Sondern es wird vielmehr
die Kunst den Abscheu, den diese Gestalt dem
menschlichen Gefühle einflößt, benutzen, um
durch sie, da sie als schöne Kunst etwas absolut
Hässliches nicht bilden mag, Ideen zu veranschau-

lichen, die dem Göttlichen und Guten entgegengesetzt sind.

In dieser Beziehung kann also auch nichts dagegen
eingewendet werden, wenn jemand der Kürze wegen die Gestalt der Kröte hässlich nennen wollte,
ebenso wenig, als es der populären Sprache zu
verargen ist, wenn sie den Schnee kalt nennt und
erst hier dürfen wir hoffen, den obigen Einwurf
genügend beseitigt zu haben.

Doch bleibt uns, ehe wir weiter schreiten, noch
ein Gespenst zu bekämpfen, das unsern Fortgang
hemmt. Dies ist die einfache Frage, wie nach der
aufgestellten Theorie des Schönen die Schönheit
einzelner schlechter Menschen zu begreifen sei.
Indessen erledigt sich diese Frage im Hinblicke
auf die doppelte Natur des Menschen von selbst.
Es ist nämlich derselbe nicht bloß wie die andern
Naturwesen ein endlich Leibliches mit den oben-
genannten Zwecken der Leiblichkeit, sondern er
ist auch lebendiger denkender Geist mit vernünf-
tig sittlichem Zweck und in dieser Beziehung ist
ihm eine Aufgabe gestellt wie keinem Naturwesen,

nämlich frei in sich das Gute zu gestalten. Wo ein Mensch leiblich gut ist, da wird er auch leiblich schön sein, und wenn er noch über dem den höheren Anforderungen des göttlichen Willens entspräche, so würde eine leibliche Schönheit noch durch den Ausdruck sittlichen Reizes gehoben, ein Bild idealer Menschheit darbieten. Ebenso kann aber auch an einem verkrüppelten Menschen sich die geistige Schönheit für sich allein, leiblich oft höchst reizend gestalten, so wie an einer leiblichen Schönheit das sittlich Hässliche auf abstoßende Weise.

Nach dieser von verschiedenen Seiten versuchten Beleuchtung des Begriffs der Schönheit fassen wir nun das Gefundene in folgendes Resultat zusammen. Das Schöne ist die Form des Guten als seines Inhaltes. Das Wirkliche aber ist, (als seinen Zweck erfüllend) ein Gutes und folglich ist alles Wirkliche auf der obersten Stufe seiner Entwickelung gleich schön. Diese Schönheit, als allen wirklichen Dingen zukommend, könnten wir niedere oder endliche Schönheit nennen, und finden dieselbe in gleichem Grade sowohl am Menschen als am Affen.

Indessen haben die Dinge, neben dem niederen Zwecke, durch ihre Form sich selbst zu veranschaulichen, auch noch den höheren, durch eben diese Form, ein Jegliches nach seiner Art, von dem zu zeugen, der sie erschuf, denn es trägt Gottes Bild die ganze Kreatur, und diese Schönheit, die die Dinge haben, nicht an sich, sondern als Bilder des höchsten Gutes könnte höhere oder ewige Schönheit genannt werden. Da aber nun keineswegs dem menschlichen Verständnis gegenüber alles Wirkliche eine gleiche Potenz göttlichen Inhaltes offenbart, so schreiben wir auch nicht allem Wirklichen einen gleichen Grad höherer Schönheit zu, und finden den Menschen schöner als den Affen.

So bestimmt denn also die Natur der Güte auch die der Schönheit, und nun, da uns die letztere kein schwankender Begriff mehr ist, wenden wir in der folgenden Vorlesung uns der Kunst wieder zu, welche auf dem Grunde des Schönen steht.

Zweite Vorlesung.

Wir hatten, ehe wir uns neulich ausschließlicher dem Begriffe des Schönen zuwandten, bemerkt, wie das Handwerk und die schöne Kunst, obgleich sich gegenseitig bedingend, sich doch entgegengesetzt seien; beide zwar Schönes bildend, doch zu gegenteiligen Zwecken. Jetzt könnten wir nun vielleicht die durch das Handwerk zu Stande gebrachte Schönheit als analog jener niederen Region derselben in der Natur bezeichnen, während die Kunst nach einer andern Schönheit strebt, durch welche nicht endlicher und nicht dinglicher Inhalt sich offenbaren soll.

Es bezwecken die Gewerke allerlei Gutes und Nützliches zu äußerem Gebrauche darzustellen und dem glücklich Zustandegebrachten wird jener Anschein nicht fehlen, welcher auf die Trefflichkeit des Inhaltes schließen lässt. Doch um der Schönheit willen wurden diese Werke nicht gestaltet, sondern dieselbe fand sich ein, ungesucht als naturgemäße Form des Tauglichen.

Die schöne Kunst aber geht nicht den Gewerken gleich darauf aus, irgend äußern Bedürfnissen abzuhelfen, und ist sich ihres Nutzens und Zweckes wie jene nicht sonderlich bewusst. Sie bildet nicht das Schöne zufällig, indem sie etwas Anderes meint, sondern sie meint eben dieses und zwar ein Schönes höherer Art, welches sie darzustellen sucht, um seiner selbst willen. Indem sie es aber gestaltet, wird in dem Schönen von selbst ein Gutes offenbar als dessen naturgemäßer Inhalt.

So sind auch die Erzeugnisse des Handwerks um ihrer selbst willen durchaus nicht da. Was hülfe mir auch ein Sattel, könnt ich nicht reiten, und was sollte ich mit der Flinte machen, wenn ich nicht schießen dürfte. Die Werke schöner Kunst aber genügen an sich selbst und so gleicht sie einer Rede des Geistes zum Geiste, in welcher eben nichts Anderes offenbar werden soll als der Geist. Wo aber der Geist sich offenbart, ist hohe Freude, denn alles Wesen gehört ihm an und weil er das Wesen aller Dinge ist, ist er ihr bestes Teil.

Wir haben wohl alle schon mit Aufmerksamkeit Bilder in naturgeschichtlichen Werken betrachtet. Die Bilder waren gut, ja vielleicht unübertrefflich in ihrer Art, denn sie versinnlichten ihren Gegenstand bestmöglichst. Indessen empfanden wir doch bei ihrem Anschauen nichts Anderes als das Interesse für die besonderen Formen dieser Gegenstände. Auch haben wir zusammengesetzte Bilder gesehen, sogenannte Kompositionen, Gruppen von allerlei natürlichen Gegenständen, als Felsen, Bäumen, Wasser, Tieren, Menschen, getreue Darstellungen des Niagarafalles, der Stadt London, des nationalen Lebens der Kaffern, Italiener oder Russen. In diesen Bildern war der Schein des Wirklichen mit aller Wahrheit nachgeahmt, und doch konnten wir ihnen kein weiteres Interesse abgewinnen, als entweder das für die Wahrheit der Darstellung oder das für die Eigentümlichkeit des Dargestellten. Sie belustigten unsern Verstand, sie befriedigten unsere Wissbegierde, aber unsere Empfindung wurde durch sie nicht angeregt. Sie gehörten, das empfanden wir deutlich, den Werken schöner Kunst kaum an, und obgleich an sich ganz gelungene Produktionen, so hätten wir doch noch lieber die Gegenstände in Natura gesehen.

46

Dann aber hat wohl einer oder der andere von uns einmal ein Bild gesehen, bei dessen Anblick er sich vielleicht einer besonderen Natürlichkeit der Darstellung oder eines lebhaften Interesses für die Eigentümlichkeit des Gegenstandes nicht bewusst wurde, das ihn aber doch, wenn er sich dem in ihm angeregten Gefühle überließ, mächtig ergriff, ihn rührte, erfreute oder erhob. Hier nun hatte das wunderbare Wesen der schönen Kunst einen zündenden Funken in sein Herz geworfen, und er war jener höheren Schönheit begegnet, welche die Trägerin eines übersinnlich guten Inhaltes ist. Was eigentlich in ihm vorging, konnte er vielleicht nicht näher bezeichnen, denn wenn irgendetwas zu den Mysterien des Menschenlebens gehört, so ist es das Walten der schönen Kunst.

Doch könnte über das auf solche Weise Wahrgenommene das bisher Gesagte vielleicht schon mehr oder weniger Licht verbreiten. Denn wo uns ein Leibliches, wirklich oder fingiert, auf eine solche Weise entgegentritt, dass wir das Leibliche, Endliche in ihm vergessen und es uns in seiner Endlichkeit das Ewige, in seiner Individualität das Ideale offenbart, welches sein eigentliches Wesen und auch das unsre ist, da hat ein solcher Gegenstand für uns die Fremdheit verloren. Die Feindschaft, mit der die ganze objektive Welt uns entgegensteht, ist in diesem einzelnen Objekte überwunden, wir umfassen es als uns befreundet, wir verbinden uns mit ihm, indem wir uns in ihm erkennen, und in dem Wahrnehmen einer dadurch geschehenen Bereicherung unseres eignen Wesens mag wohl die Eigentümlichkeit des Kunstgenusses liegen.

Es war also das Gute, das uns hier entgegentrat und das wir lieb gewannen, ein Gutes höherer Art, und die Idee, die sich uns in idealer Schönheit offenbarte, erkannten wir als verwandt der ewigen Heimat unsres Geistes.

So ist denn das Wesen und das Geschäft der Kunst, welche Schönes bildet, durchaus nur auf sich selbst gerichtet, nicht aber auf einen äußern Zweck und Nutzen und es genügt ihr, Ideales zu offenbaren in individueller Form, oder umgekehrt, die individuelle Form zu nötigen, Zeugnis zu geben, von der ihr inwohnenden höheren Idee.

Wenn aber nun auch hiermit im Allgemeinen das Geschäft der Kunst bezeichnet wäre, so bleibt die Hauptfrage, wie dies zu Stande komme, immer noch zurück, denn eben dieses zu bewerkstelligen, das ist die Kunst. Es hat aber der Mensch nichts, das er nicht empfangen hätte, er sieht nichts, das ihm nicht gezeigt und er weiß nichts, das ihm nicht gelehrt wäre.

So erkennt denn auch die Kunst des Menschen ihren Gegenstand an einem großen Kunstwerke, das uns allen vorliegt, an der Natur, und mehr noch, sie lernt ihr auch die Kunst ab, diesen Gegenstand zu bilden, denn die Natur ist Gottes großes und herrliches Kunstwerk, in welchem er sich selber darstellt als in einem Bilde, so man des wahrnimmt.

Dem aufmerkenden Geiste oder dem empfänglichen inneren Sinn wird die Fülle und Mannigfaltigkeit schöner Formen in der Natur zu Buchstaben, und diese in ihren Verbindungen zu Wörtern und zu Worten, in denen sich die hehren Geheimnisse des Geistes dem Menschengeiste erschließen, und durch die Gott sich offenbart in seiner Schöpfung; aber freilich nach Art aller künstlerischen Offenbarung zart und leise, nicht von Angesicht zu Angesicht, sondern dunkler und traumartiger noch, als wir unser Bild sehen in dem Spiegel der Wellen eines bewegten Gewässers.

Deswegen vernimmt auch nicht ein Jeder diese Zeugnisse der Natur von der göttlichen Idee, die ihren Inhalt bildet. Es gehört eine zarte, äußerst glückliche Organisation dazu, in dem Buche der Natur zu lesen, welches ebenso wie ein andres heiliges Buch, das eine deutlichere, schon durch Menschenverständnis vermittelte Offenbarung Gottes enthält, dem Ungeweihten mit sieben Siegeln verschlossen bleibt.

Diejenigen aber, vor deren hellerem Auge diese Siegel schwinden und denen die Schönheit der Natur erzählt von den wunderbaren Geheimnissen ihres unsichtbaren Inhaltes, erfahren dadurch eine Bereicherung ihres inneren Lebens, ähnlich den Liebenden, welche in fremder Gestalt ein Herz entdeckten, das dem Ihrigen gleicht. Dies gesteigerte Leben gestaltet sich aber nun verschiedentlich, entweder als sich selbst befriedigende Sehnsucht nach unerreichbarem Ziele, oder als Begeisterung, welche mit drängender Gewalt das innerlich Angeregte auch nach außen hinzustellen strebt.

Hier ist die Grenzscheide, wo das passive Gefühl für Schönheit oder der bloße Kunstsinn und das eigentliche Wesen der Kunst selbst, welches Produktivität ist, streng und gänzlich auseinandergehen, obgleich sie ursprünglich verwandt waren, denn die Anfänge der Kunst und ihre Elemente liegen in dem Schönheitssinne, welcher in dem unabweislichen Triebe, die erkannte Schönheit zu reproduzieren, zum Kunstsinn umgestempelt wird.

Um nun das Gesagte näher einzusehen und den weiteren Fortgang unserer Untersuchung einzuleiten, wenden wir jetzt unsere Aufmerksamkeit einer einfachen Erzählung zu.

Es hatte ein Wanderer am hellen Mittage einen Berg erstiegen und war ermüdet auf dem waldfreien Gipfel angekommen, der ihm eine weite Aussicht gewährte. Er sah Berge, Täler, Städte, Dörfer, Flüsse, Seen, Felder, Wälder und tausend Einzelheiten, die ihn alle zu interessieren vermochten und es beschäftigte ihn, auf seiner Karte die Namen der verschiedenen Gegenstände aufzusuchen. Dabei sprach er wacker seinem Vorrate an Lebensmitteln zu, aß und trank, wurde schläfrig und streckte sich nieder auf dem duftenden Boden des Gebirges, schloss die Augen und schlief ein.

Unterdessen aber veränderte sich die Szene; die Sonne sank tiefer herab, große Wolkenmassen häuften sich am Himmel und warfen breite Schatten über die Gegend hin. Die Farben traten, durch Gegensätze geweckt, hervor aus der früheren Eintönigkeit und begannen ihr wunderbares Spiel. Kurz, es bereitete sich für den Standpunkt des Wandrers einer jener Momente vor, die wir malerisch nennen, d. h. in denen sich dem empfänglichen Menschengeiste das Unendliche in der Schönheit endlicher Formen zu offenbaren strebt.

Jetzt erwachte der Schläfer. Erquickt und gestärkt richtete er sich auf und schaute um sich. Siehe, da erschloss sich ihm die Seele der Natur und bewegte wunderbar sein inneres Leben. Ein Hauch aus dem Lande des Geistes, ein Klang aus den Hallen des Vaterhauses drang anregend und belebend zu ihm hernieder. Nun sah er nicht mehr Städte, Dörfer, Flüsse, Seen u. s. w. und es war ihm gleichgültig, wie diese hießen, denn er hatte Gottes schimmerndes Gewand gesehen und wie Moses vom Gipfel des Nebo einen Blick getan in das Land der Verheißung.

Indem wir nun zu unserer Betrachtung zurückkehren, muss zuerst im Rückblick auf das schon Gesagte bemerkt werden, dass nicht ein Jeder hier Gleiches erfahren haben würde. Ja, unser Wandrer selbst würde zu einer andern Zeit unter den nämlichen Umständen nichts anderes gesehen haben als Einzelheiten, denn es ist die Seele nicht immer geneigt, die Offenbarung des Geistes aus den Gestaltungen der Natur entgegenzunehmen, und solche Momente, in denen die Empfänglichkeit von der einen und das Darbringen von der andern Seite zusammentreffen, sind selten, ein einziger aber auch hinreichend, die Seele eines Künstlers mit mannigfachen Ideen zu befruchten.

Wir setzen nun den Fall, unser Wandrer wäre ein solcher gewesen, so würde eine bedeutende Veränderung in ihm vorgegangen sein und er würde, ein andrer, den Berg wieder hinabsteigen, als der er heraufgekommen war. Es würde ein Leben in ihm erwacht sein, das nur teilweise ihm gehörig, mit mächtigem Drange selbstständig wieder aus ihm herauszutreten strebte, und er würde früher oder später nach der Anschauung, die er gehabt, nicht das, was er sah, sondern das, was in ihm vorging oder in ihm sich gebildet hatte, auf irgendeine Weise zu verleiblichen suchen.

Es ist also hiermit gesagt worden, dass keineswegs die Kunst die Natur zu reproduzieren habe. Sie kann und soll im Gegenteile dies ebenso wenig als das Weib den Mann, sondern wie hier ist das Produkt ein drittes, welches keins von beiden ist, und das wir Idee nennen, welche im Kunstwerke sich zu veräußern strebt.

Diese künstlerischen Ideen aber, der eigentliche und alleinige Inhalt der Kunstwerke, sind näher Vorstellungen, welche aus der gegenseitigen Durchdringung der vernehmenden Vernunft und eines durch die Anschauung vernommenen an sich unsichtbaren Objektes in der Phantasie entspringen; oder mit andern Worten die Ideen sind durch Anschauung gewonnene Vorstellungen eines Verborgenen.

Die Anschauung bildet also hier das Medium des Erkennenden und Erkannten und die Anschaulichkeit ist daher auch die den künstlerischen Ideen zukommende Eigentümlichkeit.

Nicht immer aber ist die Anschauung wie im obigen Falle ein unmittelbar sinnliches Wahrnehmen der äußern Natur, und die Ideen danken ihren Ursprung daher auch nicht ausschließlich nur diesem, sondern sie können auch aus einem der äußern Anschauung verwandten inneren Wahrnehmen der Phantasie entspringen, so wie endlich auch aus dem Verständnis der Kunstwerke als schon fertig gestalteter Ideen andrer. Diese letzteren, durch Ideenassoziation entstandenen Vorstellungen erscheinen, wenn sie ein entsprechendes Äußeres gewonnen haben, oft reiner, zarter und abgezogener von dem Unmittelbaren als die Primären. Ja, es könnte vielleicht gesagt werden, dass gerade ihnen die besten Kunstwerke ihren Ursprung verdanken. Es wäre kaum zu denken, dass wir einen Raphael gehabt haben würden, wenn nicht an den mächtigen Ideen des kolossalen Michelangelo die seinigen sich entzündet hätten. Ja, es ist der Geist dieses eminenten Genies, der uns in den Logen aber verklärt wieder entgegentritt. Auch ist die sixtinische Madonne nicht die erste, die gemalt wurde, und ehe die erste gemalt wurde, war die Dichtung von der Himmelskönigin schon da. Es mussten wohl allerlei Bilder, allerlei Dichtung, wie auch die künstlerischen Gebräuche der Kirche, nächst den Eindrücken der Natur auf den Raphael influiren, ehe diese gesunde, reife und sublimierte Idee in ihm entspringen konnte.

Wenn wir nun aber vorhin die Anschaulichkeit als Eigentümlichkeit der Idee gefunden haben, so liegt eben diese Eigentümlichkeit in ihrer Unaussprechlichkeit oder darin, dass sie weder begrifflich gedacht, noch direkt ausgesprochen werden kann, daher sie sich auch ihrer Natur gemäß nicht dem Begriffe, sondern ausschließlich dem Gefühle und zwar nur durch Anschauung, also indirekt und gleichnisweise wieder aussprechen lässt.

Daher kann nun auch von der Idee des Künstlers nur das Kunstwerk selbst, welches ihre Veräußerung ist, eine Vorstellung geben, und es ist vergebene Mühe ohne die Darstellung der Idee, auf andre Weise dieselbe veranschaulichen zu wollen. Ja, sogar bei vorliegendem Kunstwerke selbst ist es unmöglich, jemandem dem es sich nicht an sich ausspricht, die Ideen desselben verständlich zu machen, weil sich eben eine jede Idee nur einmal aussprechen oder vielmehr veranschaulichen kann, und zwar gerade so, wie sie es im vorliegenden Kunstwerke getan hat.

So ist es z. B. nicht zu sagen, welches die Raphaelische Idee in der sixtinischen Madonna sei. Denn wollte man auch, um jemandem das Bild verständlich zu machen, ihm erklären, es stelle die Himmelskönigin vor, zu deren Füßen die beiden Heiligen für die Gemeinde beteten, und beschriebe man nun die Stellung der Figuren zueinander, ihre Gewänder, Farben, etc. so wäre doch damit einerseits nur der Stoff bezeichnet, andrerseits die Anordnung, d. h. man hätte erfahren, dass der Sixtus rechts, die Barbara links kniete, aber die Idee bliebe fremd, und gesetzt, man machte sich nach solcher Beschreibung auch wirklich eine Idee, so würde diese, wenn etwa Hinz sie sich machte, die Hinzische und nicht die Raphaelische sein.

Weiter kann von einer reinen, von einer großartigen, einer erbaulichen Idee die Rede sein, doch sind damit nur die Richtungen bezeichnet, denen die Idee angehört, aber diese selbst nicht und Raphael in Person hätte sie auf keine andre Weise veranschaulichen können, als durch sein Bild.

Es können also auch Beschreibungen von Kunstwerken, wenn sie nämlich den Zweck haben, von den Ideen derselben einen Begriff zu geben, nur insofern Interesse erregen, als sie selbst Kunstwerke sind, d. h. als sich in ihnen die sekundären

Ideen aussprechen, welche durch das Anschauen in dem Beschauer sich gebildet haben.

Wenn aber nur das Kunstwerk selbst als adäquate Form der Idee dieselbe zu veranschaulichen im Stande ist, so ist die Idee, deren Gegenstand wir schon früher als einen an sich unaussprechlichen erkannten, ebenfalls als ein Verborgenes bezeichnet, dessen einzig mögliche Offenbarung das Kunstwerk selbst ist. Denn Verborgenes zu offenbaren, Innerliches zu veräußern, ist das eigentliche Geschäft der Kunst. Daher sie denn auch Offenbarungsvermögen genannt wird, durch welches der schaffende Geist, nicht begrifflich, sondern mittelst Darstellung anschaulicher, der Idee verwandter Formen die Geheimnisse inneren Lebens und Erkennens offenbar macht.

Wird nun als Mittel und Bedingung dieses Offenbarwerdens die Darstellung gedacht, so erscheint letztere als die wesentliche Tätigkeit der Kunst und als dasjenige Moment derselben, das wir bei Auseinanderlegung ihres Begriffes vorzüglich ins Auge zu fassen hätten, wenn es im Zwecke dieser

Blätter liegen könnte in das eigentliche Gebiet der Ästhetik näher einzugehen. Ist es aber nun auch hier durchaus nicht beabsichtigt, die dürren Stätten der Schule und das Gebiet der trocknen Regel Schritt vor Schritt zu durchwandern, so können wir doch auch nicht an den eigentlichen Werkstätten der Kunst ganz teilnahmslos vorübergehen und werfen wenigstens oberflächlich einen Blick auf die Art und Weise ihres geheimnisvollen Verfahrens.

Wir erinnern uns zu diesem Zweck der obigen Erzählung von dem Wandrer und finden, wie ihm an einem Äußern ein Inneres zur Anschauung gebracht wurde, an einem Leiblichen ein Geistiges und an der Endlichkeit individueller Formen ein unendlich idealer Inhalt. Ebenso würde aber auch nun jener, wenn er seinerseits bildet, versuchen müssen an einem sinnlich wahrnehmbaren Gegenstande das Übersinnliche der empfangenen Idee zu enthüllen.

Die ästhetische Idee gehört in ihrem Inneren näher der Empfindung an als dem Begriffe und dankt daher ihren subjektiven Ursprung zunächst auch nicht dem Gedanken, sondern einer Wahrnehmung des Gefühls. Ehe sie aber von einer unklaren Empfindung sich unterscheidend, zur bestimmten anschaulichen Vorstellung wird, schwebt sie der Phantasie des Künstlers in einer Form vor, welche angeschaut und deshalb auch dargestellt werden kann, sie wird gegenständlich an einem dem Gebiete der Äußerlichkeit angehörigen Objekte.

Diesen Gegenstand oder dies leibliche Prinzip der Idee nennen wir Stoff, weil er die bildungsfähige Masse ist, in welcher die bildende Idee sich darstellt. So entlehnen Malerei und Poesie ihren Stoff aus der Natur, aus der Geschichte oder den Zuständen menschlichen Lebens, während ihn Musik und Architektur als die freisten der Künste wenigstens ursprünglich aus sich selbst erzeugten, wenn sie ihn denn auch später als einen gegebenen wieder vorfanden, um ihn auf neue Weise immer wieder zu vergeistigen.

Denn die innere oder subjektive Seite der Idee kann vorangehen und die objektive oder der Stoff sich zu ihr gesellen, oder auch umgekehrt, es kann zu dem gegebenen, vorangegangenen Stoffe ein bildendes und belebend geistiges Prinzip sich nachfinden; daher die Kunst sowohl Veräußerung des inneren als Verinnerung des Äußern genannt worden ist. Immer aber erst da, wo beide Seiten der Idee sich auf eine solche Weise in der Phantasie des Künstlers zusammengefunden haben, dass sie sich gleichartig geworden sind, ist die Idee als fertig und fähig zur Darstellung anzusehen.

Ein solches sich Auffinden und sich Gleichartigwerden der gegenteiligen Prinzipien der Idee vor dem inneren Auge des Künstlers nennen wir Auffassung und es ist begreiflich, dass von dem Gelingen derselben ebenfalls das Gelingen der Darstellung abhängig sei, denn in der ungleichartigen Form stellt der Inhalt sich nicht dar, und der ungleichartige Inhalt zerstört die Form.

So erscheint z. B. die geschichtliche Gestalt des Horatius Cocles durch den Perugino im Cambio zu Perugia vernichtet, weil die niedlich und lieblich fromme Subjektivität der Ideen dieses Meisters sich an der Gestalt eines römischen Helden nicht realisieren konnte, ebenso wenig als die ungeheuren Ideen des Michelangelo an der stillen Gruppe einer heiligen Familie, welche von seiner Hand, einer Zigeunerhorde gleich, in der florentinischen Tribune zu sehen ist.

Nach dieser, dem Kunstwerke vorangegangenen inneren Gestaltung, durch welche die Idee am Stoffe sich objektivierend innere Anschaulichkeit gewann, kann nun erst von einer äußern Darstellung die Rede sein und zwar unmittelbar auch nur von einer Darstellung der äußern Seite der Idee des Stoffes, durch welchen mittelbar die innere sich zu veranschaulichen hat.

So war, um zu unserem obigen Gleichnis zurückzukehren, der Stoff, an welchem jenem Wandrer eine göttliche Idee sich offenbarte, die Landschaft, die er vor sich sah. Wir haben aber gesehen, wie viel dieser Stoff an einzelnen hervorstehenden und zerstreuenden Formen erst scheinbar verlieren musste, ehe er zum Bilde der Idee ward, welche sich in ihm aussprach. Sie glich anfänglich einem Haufen unordentlich und bedeutungslos durch einander gewürfelter Werkstücke, welche etwa Arbeitsleute zum künftigen Bau herbeigeführt und planlos abgelagert hatten. Aber es trat später ein Moment ein, welcher die einzelnen Materialien harmonisch vereinigend zu einer höheren Idee in Beziehung brachte.

Ähnlich nun verfährt die bildende Kunst des Menschen, indem sie jene Bildersprache der Natur verstanden und durchschaut hat. Denn nicht allein bedarf der Stoff einer inneren Umgestaltung, ehe er der Idee gleichartig wird, sondern es sind auch die sinnlichen Formen, welche die Kunst zu entlehnen hat, um diesen Stoff äußerlich darzustellen, in ihrer Unmittelbarkeit selten geneigt, von etwas anderem Kunde zu geben, als von sich selbst.

Daher ist die Kunst genötigt, auch diese gegebenen Formen ihren Ideen gemäß zu modifizieren,

d. h. ihnen eine Gewalt anzutun, um sie zu zwingen, nichts weiter als diese zu enthalten, und in dieser Beziehung gleicht alle Kunst der Maurerei, welche ihre Materialien, die rohen Steine, erst behaut und der Idee des Gebäudes gemäß zu Werkstücken umbildet, ehe sie dieselben zu einem Ganzen zusammenfügt.

Was aber einer menschlich künstlerischen Idee gemäß gebildet ist, nennen wir ideal, im Gegensatz zu den realen und individuellen Bildungen der Wirklichkeit und die Gewalt, die durch die Kunst sowohl dem Stoffe als den äußern Formen angetan wird, ist daher auch nichts anderes als die Idealisierung derselben und besteht in jener beschränkten Haltung, welche nichts mehr als gerade die Idee enthält.

Somit verlangen wir von einem idealen Gebilde vor allem Hervorstellung der Idee als des Wesentlichen und Hintanstellung des Zufälligen und Überflüssigen, welches auch bei der idealsten Auffassung des Stoffes, während der Darstellung, als

allem Wirklichen anhängend, leicht wieder hervor-
tritt.

In dieser Hinsicht hat sehr mannigfach die alt-
deutsche Kunst gefehlt, wenn sie entweder unwe-
sentliche, der Idee nicht angehörige Nebendinge
als wesentlich hervortreten ließ, oder auch ganz
ohne Idee den an sich toten Stoff in rohster Unmittelbarkeit handwerksmäßig darstellte, während
die altitalienische Kunst schon in ihren Anfängen
und als sie in der technischen Fertigkeit zu bilden
der deutschen noch bei weitem nachstand, ein
unverkennbares Streben nach Idealität verrät; ein
Streben, welches sich durch alle Teile ihrer Gebilde von der Form der Gesichter bis hinab in die
Einzelheiten der Draperie verfolgen lässt.

Vorzüglich aber möchte, um sich die Bedeutung
der Idealität klar zu machen, die nähere Betrachtung des Stils antiker Plastik anzuraten sein, welche vor allem ideal war, nicht bloß in Auffassung
des Stoffes, sondern auch in Gestaltung aller einzelnen Teile der äußern Darstellung, und ebenso
nicht bloß in Götter- und Heroenbildern, sondern

auch in den individuellen Bildungen ihrer Nymphen und Faunen, ihrer Portraits und häuslichen Darstellungen. Und allerdings versteht es sich von selbst, dass die Forderung der Idealität nicht nur an den höheren und mittleren, sondern auch an den niederen Stil zu stellen sei, denn eine jede Idee bleibt doch auch als eine niedere immer noch Idee, und muss daher auch in allen dem Bereich schöner Kunst angehörigen Werken aufs Deutlichste wieder zu erkennen sein, nicht nur an der Kirche, sondern auch an Lusthäusern, nicht nur an Altarbildern und Oratorien, sondern auch an Portraits und Tänzen.

Die Ideale indessen sind Gestalten einer höheren Natur, nie aber willkürliche Erzeugnisse einer zügellosen Phantasie, und jede Übermäßigkeit der Idealität würde unwahre und manierierte Formen gebend auch dem Begriffe der Schönheit zuwiderlaufen. Somit wird denn von der künstlerisch brauchbaren Form außer der Idealität auch noch Objektivität, das heißt wahre Gegenständlichkeit gefordert, in welcher allein die an sich unsichtbare Idee zur deutlichen Anschauung kommen kann.

Wenn also vorhin von den Stoffe verlangt ward, sich seinem Inhalte gemäß zu gestalten, so verlangen wir jetzt eine Gestaltung, die ihm selbst gemäß sei; denn wird er auch nur gebildet um der Idee willen, so darf er gegen diese seine Gegenständlichkeit nicht einbüßen, soll sie nicht anders in ihm untergehen. Was wäre auch das Licht, wenn es nicht erschiene an der Dunkelheit, und was die Seele, würde sie nicht wirklich an ihrem Leibe? – Allerdings würden Kunstwerke ohne dominierende Idee nur ausgestopften Vögeln gleichen, denen die Seele fehlt, aber ebenso ohne Deutlichkeit und Gegenständlichkeit der Darstellung, ohne Korrektheit und technische Vollendung der Form, nur etwa dem Wehen des Windes, das Jemand vernähme, nicht wissend, von wannen er kommt und wohin er fährt.

Hier können wir mit einigem Stolz auf die formelle Gediegenheit deutscher Musik und auf die Leistungen unsrer Malerschule zu allen Zeiten zeigen und mit Recht sagen, dass sie an Objektivität von keiner andern übertroffen sei, während wir in unsern poetischen Leistungen, mit wenigen Ausnahmen, meistens in sonderbar subjektiver Einseitigkeit befangen gewesen sind, ganz entgegengesetzt den Engländern, deren Malereien, der vorherrschenden Manier wegen, leicht Überdruss erregen, während in ihrer Poesie eine Wahrheit der Darstellung angetroffen wird, die wir vielleicht niemals erreichen werden. Indem nun aber durch die Idealisierung des Objekts die Idee objektiviert wird, gestaltet sich in der Identität beider eine Einheit, die wir Totalität nennen, und in deren Anschaulichkeit sich eine Schönheit offenbart, wie sie an den der Wirklichkeit gehörigen Dingen nicht leicht zum Vorschein kommen kann. Als an ein Muster der Darstellung aber möge es vergönnt sein, noch an das Requiem von Mozart zu erinnern. Hier tritt uns die strengste und gebundenste Haltung der Form, die klarste Anschaulichkeit derselben in allen ihren geringsten Teilen entgegen, und doch keine Übermäßigkeit der Gegenständlichkeit, keine Trockenheit, denn nirgends nimmt die Form für sich das Interesse in Anspruch, sondern erweist sich überall als Trägerin der Idee, welche das ganze Werk beherrschend in den verschiedenartigsten Modifikationen, sich immer als dieselbe durch alle Teile dieses wunderbaren Ganzen hindurchzieht.

Das Gegenteil dieser herrlichen Schöpfung eines großen Meisters ist indessen unsere moderne Opernmusik, welche geneigt ist, entweder Form ohne Inhalt oder den Inhalt formlos zu geben, daher trocken oder manieriert erscheint und weil ihr die Haltung fehlt, keinen rechten Totaleindruck zu Wege bringen kann.

Die Anforderungen also, die wir an die vollendet künstlerische Form machen, sind keine anderen als die, welche an jede andere auch ergehen, denn von jeder Form, die ihrer Idee entsprechen soll, erwarten wir zuerst Gehalt, dann Fasslichkeit und endlich Einheit, und hiermit ist das dreifache Gesetz des sogenannten objektiven Stils als alleiniger zweckdienlicher Ausdrucksweise ausgesprochen.

Unter Stil verstehen wir die Art und Weise des Ideenausdrucks und finden diese subjektiv und objektiv bedingt, und zwar subjektiv durch die Eigentümlichkeit des Künstlers, objektiv durch die des Stoffes.

Dem subjektiven Stile ist natürlicherweise kein Gesetz zu geben, an den objektiven aber macht die Wissenschaft der Kunst obige Anforderungen, denen er notwendigerweise entsprechen muss, wenn er anders auf Schönheit Anspruch machen will. Und allerdings können auch wohl die Bedingungen aufgefunden werden, unter denen künstlerische Schönheit zu Stande kommt, aber es hat die Wissenschaft sich durchaus vor der Einbildung zu hüten, als könne sie dem Stile aufhelfen und ihm wirklich nützlich sein, wenn sie ihm solche Bedingungen als Regeln entgegenhält.

Denn wenn wir genauer die Natur des Stils betrachten, so werden wir finden, dass ihm mit Regeln ebenso wenig gedient sein könne als der Sittlichkeit oder dem objektiven Stile des Lebens mit den Gesetzen der Moral, welche, obgleich viel aufdringlicher als die Ästhetik in allen Schulen hohen und niederen Ranges mit Fleiß getrieben, es bis jetzt doch auch noch nicht verhindern konnte, dass das Leben der Meisten sich regelwidrig gestalte.

Die Regel an sich kann gut sein und ganz richtig, aber der Fehler liegt nur darin, dass entweder ihre Notwendigkeit nicht erkannt wird, oder auch, dass sie kein Motiv in sich enthält, sie zu befolgen.

Wir haben gesehen, wie die zur Darstellung reife Idee zwei Seiten habe, die eine dem Künstler, die andre dem Gegenstande angehörig. Der Künstler steht dem Gegenstande gegenüber, und so wie er sich, denselben auffassend, seiner bemächtigt, um ihn seiner Idee gemäß zu formen, formt er ihn sich selbst gemäß, und je nachdem er selbst ist, wird die Form gelingen.

Es gibt Naturen, deren Anschauungsweise man Objektivität zuschreibt, d. h. man bemerkt an ihnen eine Art der Auffassung, welche dem Gegenstande angemessen, diesen mit möglichster Wahrheit zur Erkenntnis bringt. Denken wir uns solche ausgezeichnete Naturen als produktiv, als bildend und darstellend, so wird natürlicherweise ihrem subjektiven Stile von selbst die Objektivität zukommen. Der Grund aber, warum der fremde Gegenstand ihnen nach seiner Wahrheit erscheint, liegt wieder in ihrer Empfänglichkeit für die ihm inwohnenden Ideen, daher sie ihn auch diesen gemäß als ideal wieder darstellen werden.

Diejenigen aber, die in ihrer Subjektivität so fest eingemauert sind, dass sie nicht frei über dieselbe hinausreichen können, werden eigentlicher künstlerischen Ideen nicht fähig sein, weil ihre Vorstellungen ebenso schief als ihre Anschauungsweise sein müssen, aus welcher jene entsprangen, und ebenso schief und maniert werden sie sie darstellen trotz aller Regel, welche sie wie alles Übrige falsch verstehen.

Immer ist es ein Mangel an der Idee selbst, wenn der Stil verfehlt, oder auch wenn die besonderen Formen des objektiven Stils miteinander verwechselt werden. Da wo ein Tanzsaal im Kirchenstil gebaut, eine Kirchenmusik im Opernstil verfasst, ein Wiegenlied im Lapidarstil gesungen wird, da ist sicherlich gar keine Idee vorhanden gewesen, sondern es hat irgendein Unberufener etwa aus lukrativen Ursachen sich zu einem Werk bereitgefunden, das ihn prostituiert. Dieselbe Ideenlosigkeit würde man bei einem voraussetzen können, der sich etwa bemüßigen wollte, im Krummacherschen Stile ein Bändchen Parabeln zu schreiben oder im Raphaelischen eine Madonne zu malen. Solche Kunstwerke sind Leiber ohne Seelen, wie die Natur nie ähnliches erzeugt, von einer toten Mutter totgeborene Kinder, zu vergleichen den guten Werken der Mönche und Nonnen, die weder Gott noch sonst jemand von ihnen verlangt und die ihren Ursprung nur der Regel danken, welche obendrein noch falsch verstanden wurde.

So ist denn also der objektive Stil zuerst die fachgemäße, objektiv bedingte und dann die durch die Idee geforderte, ihr schlechterdings subjektiv und objektiv adäquate Darstellungsweise, welche, wenn wir genauer hinsehen, nichts anderes ist, als der subjektive Stil in seiner höchsten Vollkommenheit. Daher machen wir denn aber auch diese so selten vorkommende Vollkommenheit nicht abhängig von Beobachtung der Regel, sondern einzig und allein von dem Grade der Stärke der Idee und deren objektiven Charakter. Doch nicht etwa, als ob die Idee bei ihrer Gestaltung die Regel von sich wiese als ein ihr fremdes, sondern nur, weil sie solche schon an sich selbst hat, als das ihr inwohnende Prinzip ihrer Selbstentäußerung, daher die Regel überall tot ist, wo die Idee fehlt, so wie in einem andern höheren Gebiete die Werke tot sind, denen der Glaube fehlt.

Da wo nun also bei ausgebildetem Vermögen der äußern Formgebung die Individualität des Darstellenden derjenigen des Darzustellenden gleichartig gedacht wird, da wird die Darstellung auch gut sein, und notwendigerweise auf das Gefühl jenen Reiz ausüben müssen, welcher die Wirkung alles Schönen ist.

So finden wir uns denn nun in ein Gebiet zurückversetzt von dem wir ausgingen, in das der Schönheit, aber in eine andere Region desselben, in das des künstlerisch Schönen, welches an sich in der Vollkommenheit der Darstellung künstlerisch guter Ideen besteht.

Man begegnet wohl öfter im Leben der Äußerung: Das war eine gute Idee! Und es wurde darunter ein Plan verstanden, der zum Zwecke führte, oder besser ein Gedanke, der durch seine Wahrheit überraschte, denn wo er freilich schon sehr abgedacht gewesen wäre, da würde man ihn nicht bemerkt haben. Die künstlerischen Ideen aber sind nun wohl eigentlich nicht Gedanken, sondern Vorstellungen anschaulicher Art. Eine Vorstellung indessen, durch welche irgendein Objekt uns falsch zur Anschauung gebracht würde, gliche etwa einem schlechten Fensterglase, welches die durchscheinenden Gegenstände in fremder Farbe und in verzerrten Formen dem Auge zutrüge. Somit würden also nur wahre Vorstellungen ihrem eignen Wesen entsprechen, obgleich sie an sich Falsches zur Anschauung bringen könnten, nie aber würde einer falschen Vorstellung von einem an sich wahren Gegenstande die Güte zukommen.

So spricht sich in dem kleinen Bilde des Don Quixote von Schröter, das vor einigen Jahren auf verschiedenen Ausstellungen Sensation erregte, eine überraschend wahre Idee aus, obgleich deren Objekt an sich ein verkehrtes ist, welches in der Natur nicht als schön erscheinen würde; gegenteilig aber tritt uns in dem Bilde des brotbrechenden

Christus von Carlo Dolce in Dresden eine unwahre Idee entgegen, welche trotz aller Pinselfertigkeit und korrekten Zeichnung des Meisters, und trotz der Güte des Gegenstandes doch unser Gefühl beleidigt und der Darstellung das Gepräge der Manier gibt. Denn die handwerksmäßige Seite der äußern Darstellung, die Formgebung, welche eigentlich nichts bezweckt, als die Buchstaben, aus denen das Wort sich bildet mit möglichster Korrektheit hinzuschreiben, ist, ob sie gleich gerade das wesentliche Studium und die Luft der Künstler ausmacht, doch an sich nicht mehr als etwa die Fassung eines edlen Steins, welche, wo dieser fehlt, für sich allein einem bloßen Kunststück gleicht, das höchstens nur für Zunftgenossen ein Interesse haben kann.

So kann ein Redner, wenn er mit aller seiner Beredsamkeit nichts sagt, höchstens von Rednern bewundert werden, dahingegen auch die Fülle seiner Idee ohne Beredsamkeit sich nie zu einer schönen Rede wird gestalten lassen.

Demnach nun wäre die äußere Schönheit einer bloß korrekten und wahren Formgebung etwa jener endlichen und niederen Schönheit ähnlich, welche wir an allen wirklichen Gestaltungen der Natur wahrnehmen, und welche unwillkürlich sich auch an guten Erzeugnissen des Handwerks findet.

Doch ebenso wie die niedere Schönheit im Gebiete der Natur erst durch die höhere, durch Offenbarung göttlicher Ideen ganz zur Vollkommenheit gelangt, so kommt auch die künstlerische formale Schönheit erst dadurch, dass sie gute, menschliche Ideen zu ihrem Inhalt macht, ganz zu sich selber, zur Idealität. Und umgekehrt, so wie die höhere Schönheit der Natur nicht anders erkannt werden kann, als an der niederen, so findet auch in formaler Schönheit die ideale erst Anschaulichkeit und Gestaltung.

Damit ist denn nun auch zugleich sowohl die Ähnlichkeit des natürlich Schönen mit dem künstlerischen als auch der Unterschied zwischen beiden angedeutet. Diesen haben wir zuerst als einen unwesentlichen wohl näher darin zu suchen, dass die Kunst willkürlich und mit Absicht zu Stande bringt, was in der Natur nur zufällig und unwillkürlich erscheinen konnte. Denn nur da kann natürliche Schönheit sich gestalten, wo der freien Entwickelung guten Inhalts nichts störend entgegentritt. Da nun aber so unzählige Naturwesen und Dinge, von denen eins durch die Zerstörung des andern lebt, in engster Gemeinschaft neben einander stehen, so trägt die Natur neben dem Bilde des Lebens auch das des Todes, durch welches jenes beeinträchtigt ist, und die Schönheit kann sich nur einzeln und momentan gestalten. Die Kunst hingegen, die mit Überlegung und kluger Vermeidung alles Störenden und Feindlichen ihre Ideen verleiblicht, ist in dieser Hinsicht als bevorzugt vor der Natur anzusehen, indem sie die Schönheit sicherer und bleibender darstellt.

Überdem aber liegt wohl ein wesentlicherer Vorzug der künstlerischen Schönheit, der weiter unten näher berührt werden soll, in ihrer bei weitem größeren Verständlichkeit. Die Natur steht uns mit ihrer Schönheit gegenüber als ein Fremdes und als unvermitteltes Objekt. Indem nun aber die natürliche Schönheit durch das menschliche Verständnis hindurchgegangen, streift sie das Fremde ab, und stellt sich uns befreundet, veredelt und verklärt wieder dar. Denn der Inhalt natürlicher Schönheit, der als ein Göttlicher undurchdringlich ist, kann uns nur teilweise zum Bewusstsein kommen, während die menschliche, unserm Verständnis durchaus verwandte Idee den Inhalt künstlerischer Schönheit bildet.

So gingen wir denn aus von dem Begriffe der Schönheit und fanden, wie dieselbe sich überall ausweise als das Prinzip der Kunst. Das Schöne ist Identität des Guten und Wahren in der Erscheinung. Die Kunst aber, welche an dem Anblick der Schönheit sich entzündet, ist das willkürliche Zustandebringen dieser Identität von Seiten der menschlichen Freiheit.

Dritte Vorlesung.

So sind wir denn nun, nachdem wir dürre Stätten durchschritten, auf einem freieren Punkte angelangt, von welchem aus wir mit größerer Gemächlichkeit unsern Gegenstand überschauen und noch auf diese oder jene seiner Eigentümlichkeiten aufmerken können.

Wir haben bis jetzt im Allgemeinen das Wesen der Kunst angeschaut, uns dann näher beschäftigt mit Auseinanderlegung des Begriffs der Schönheit, haben diese erkannt, einerseits als die Mutter, anderseits als die Tochter ästhetischer Ideen und sind endlich in die graue Werkstatt selbst getreten und uns da wohl mehr oder weniger bewusst geworden, auf welche Weise die Ideen hinaus in die Erscheinung treten.

Jetzt nun wenden wir uns näher den schon oben angedeuteten Zwecken der Kunst wieder zu, nachdem wir vorher noch dasjenige ins Auge fassen, was bei künstlerischer Darstellung nicht gerade gemeint ist, sondern sich unwillkürlich und ungesucht zuerst in jedem Kunstwerke gestaltet.

Die Schöpfung ist häufig ein Kunstwerk Gottes genannt worden, weil ein unendlicher und verborgener göttlicher Inhalt in ihr endlich und offenbar geworden ist, oder mit andern Worten, weil sie in leiblicher Vollendung eine göttliche Idee zur Anschauung bringt. An dieser Idee aber wird Gott selbst erkannt, denn indem er Innerliches veräußert, bildet er Göttliches und stellt also in seinen Bildungen sich selber dar.

So auch stellt der Mensch nach der Analogie Gottes in der Veräußerung seiner, seinem eignen Inneren angehörigen Idee zuerst und unwillkürlich Menschliches dar. Da aber nicht der Mensch im Allgemeinen, nicht die Menschheit, sondern ein spezieller Mensch als Künstler gedacht wird, so stellt auch dieser in seinen speziellen Schöpfungen zunächst nichts anderes dar als sich selber. Denn indem er bildet, was er erkannt, bildet er eigentlich bloß seine individuelle Erkenntnis, seine eigentümliche Anschauungsweise, also etwas ihm subjektiv Angehöriges und in seiner ihm angehörigen Subjektivität, in gewisser Hinsicht sich selber. Er bildet aber nicht sich selber als Inhalt, denn er meint etwas anderes, das er als Objekt erkannt hat, die Form aber, in der er bildet, wird, indem sie eine Auffassung des Anderen offenbart, notwendigerweise ihm selber gleichen.

Der geistige Inhalt, der an der Schönheit der Natur erkannt wurde, konnte nicht unmittelbar geschaut werden, sondern er war zunächst nichts anderes, als die eigene Vorstellung des Schauenden selbst, womit dieser als Form bezeichnet wird, in welcher das Erkannte erschien. Daher kann denn auch das, was er bildet, zunächst nichts anderes sein, als diese subjektive Form des Objektes, und der Künstler bildet daher, er bilde, was er wolle, immer zuerst sich selbst als Rahmen, in welchem ein Anderes erscheint. Je nachdem er nun selbst ist, wird auch dieser Rahmen sein, und je nach der Objektivität und Wahrhaftigkeit seiner Vorstellungen wird auch seinen Darstellungen, wie wir das schon oben fanden, die künstlerische Schönheit zukommen.

Wenn aber er sich selbst als Form des Objekts bildet, so wird durch ihn, durch diese Form hindurch, dasselbe nun auch von Fremden angesehen und also gewissermaßen auch mit dem Auge des Künstlers geschaut, in seinem Verstande begriffen und verstanden. Vorausgesetzt nun, das künstlerische Auge sähe tiefer ein in das Wesen der Natur als das profane, welches nur deren äußere Erscheinung wahrnimmt, so könnte man sagen, dass durch die künstlerischen Darstellungen, sofern sie Selbstdarstellungen der Künstler sind, die Natur zum Verstande gebracht werde, d. h. zum menschlichen Verständnisse.

Es ist häufig getadelt worden, wenn Kunstfreunde die Kunst über die Natur gesetzt haben, und allerdings, wenn dieses im Sinne der Tadler geschähe, so wäre es ein Unsinn, keiner weiteren Berücksichtigung wert. In den Augen dieser Leute, die eigentlich um Gott eifern, aber mit Unverstand, ist nämlich die Kunst nichts anderes, als das Vermögen, allerlei in der Natur vorgebildete Formen wieder nachzubilden. Je natürlicher nun die nachgebildete Form erscheint, umso höher schätzen sie das Kunstwerk. Da aber die Natur Gottes Werk ist, und die Kunst nur Menschenwerk, so bleibt natürlich in ihren Augen das Letzte vor dem Ersten umso weit zurück, als überhaupt der Geist des Menschen tief unter dem Geiste Gottes steht.

Freilich kann auch ein gemalter Mensch trotz seiner Beine nicht laufen und trotz eines klugen Auges und seines beredt scheinenden Mundes gibt er einen schlechten Gesellschafter ab. So wie also jene Tadler ihren Tadel verstehen, so haben sie damit vollkommen Recht, wie denn überhaupt die meisten Menschen in ihren Behauptungen Recht haben, wenn man sich die Mühe geben will, sie so zu verstehen, wie sie es meinen.

So ist es öfter vorgekommen, dass erst an einem guten Portrait der Reiz einer Schönheit erkannt wurde, die früher weniger beachtet war. Denn der portraitierende Maler malt nicht unmittelbar die vor ihm sitzende Person, wie etwa das Daguerreotyp es tun würde, sondern er malt die Idee, die er von derselben gewonnen hat und bringt also diese fremde Individualität zur Anschauung, wie er selbst sich dieselbe vorstellt. Dem künstlerischen

Auge ist aber, wie schon gesagt, ein tieferer und wahrerer Blick als dem profanen zuzutrauen, wo sich's um idealen Inhalt handelt.

Ebenso finden wir, dass Gegenden, von Dichtern besungen, für manche erst in diesen Dichtungen einen Reiz gewinnen, den sie beim Anblicke der Natur selbst nicht wahrnahmen. Es werden viele, wenn sie die Wüste bereisen, nichts sehen als den dürren Sand. Sind sie aber mit den großartigen Ideen bekannt geworden, die in der Phantasie der Dichter durch das Anschauen der Wüste sich erzeugten, so werden auch ihnen die Augen geöffnet und ihre Empfindung wird poetisch angeregt.

Auf der Dresdner Galerie befindet sich ein kleines Bild von Ruysdael, die Darstellung einer ganz flachen niederländischen Gegend mit kurzem Horizonte. Der Hauptgegenstand in diesem Bilde ist ein breiter, in schwerem kotigen Boden tief ausgefahrener Weg, der sich vom Vordergrunde aus in das Bild hineinzieht bis an ein Dorf, welches den Hintergrund bildet, und dessen Kirchturm nebst den Giebeln der Häuser über Erlenbüsche wegragt. Auf beiden Seiten des Weges ist flaches Stoppelfeld mit einzelnen Reihen in Haufen zusammengestellter Garben. Der Himmel ist trübe wie nach einem großen Regen, doch teilen sich die Wolken und ein Sonnenstrahl erleuchtet das Feld.

Die meisten Reisenden, die auf solchem Wege diese Gegend passierten, würden sich nicht besonders angesprochen finden, und auch uns oder doch allen denjenigen von uns, die sich nicht einer Ruysdaelschen Auffassungsweise rühmen dürfen, würde sie nicht gefallen. In diesem Bilde aber, welches uns so reizend erscheint, blicken wir die Gegend an mit dem Auge und in der harmonischen Gemütsstimmung des großen Meisters und finden uns aufs Angenehmste angeregt – wenn nämlich – und das ist das große Wenn – die Empfänglichkeit in uns vorhanden sein sollte, welche wohl bei allen vorauszusetzen, aber doch nicht immer zu finden ist, ebenso wenig als in allen Zeitungen Neues oder des Leibes Nahrung und Notdurft in allen Gasthäusern.

So gibt es z. B. recht viele Menschen, welche beim Anschauen des gewaltigen Bildes von Buonarotti in der Sistina nichts vernehmen als ein unverständliches Gewühl hässlicher und flegelhafter Gestalten untereinander, welche in den lieblichen Darstellungen der Geschichte des heiligen Stephanus von Fiesole im Vatikan nichts sehen können als kindische verunglückte Versuche, menschliche Gestalten zu bilden; es gibt Leute, welche in der Bologneser Cäcilie und der Sixtinischen Madonne nur hübsche Frauen sehen, mit dem Unterschiede, dass die eine einen Knaben, die andre eine kleine Orgel in den Händen hat. Ein französischer General, der in der Kriegszeit vor das Raphaelische Bild in Dresden geführt wurde, äußerte, nachdem er mit Zeichen des Behagens dasselbe lange betrachtet hatte, er wünsche wohl, dass seine Köchin diesem Bilde gleiche.

Wenn nun auch Fiesole und Buonarotti wegen der ihnen anhängenden Einseitigkeit oder wegen der übermäßig vorherrschenden Subjektivität in ihren Werken, wirklich einige Selbstverleugnung fordern, um verstanden zu werden, so ist doch Raphael vielseitig und objektiv genug, und der

Fehler liegt nicht in den Bildern, sondern einzig in der Unempfänglichkeit der Beschauer.

Es fehlt solchen Personen entweder zum Vernehmen der poetischen Ideen die poetische Vernunft, oder dies Vermögen ist in ihnen durch Einfluss der Mode verbildet, in deren Gefolge Verflachung und Verdummung gehen. Auf alle Weise aber sind sie die unschuldige Ursache geheimer Verzweiflung der Künstler, deren Schöpfungen ihnen gegenüberstehen, wie die Ilias den Kühen oder wie die Speise dem Satten, der sie verderben lässt. Und allerdings ist es immer schmerzlich, nicht verstanden zu sein, aber dennoch versündigt sich die Genialität durch Verachtung derer, welche ihr unzugänglich bleiben, denn es ist nur gar zu wahr, dass gerade diese blinden Spiegel trotz aller ihrer Unerfreulichkeit dennoch der Kunst sehr wesentliche Dienste leisten. Denn indem sie es sind, von denen die meisten Besprechungen über Kunstgegenstände ausgehen, nach der alten Erfahrung, dass man gern das Fremde zum Gegenstand seiner Forschung, das Nichtverstandene zu dem seines Urteils macht, und indem sie nicht nur deswegen, sondern auch wegen ihrer großen Masse Berücksichtigung verdienen, so ist die Kunst genötigt, um auch ihnen zu genügen, sich nach einer Seite hin zu entwickeln, die sonst wahrscheinlich weniger beachtet werden würde. Dies ist die fleißige mechanische Behandlung, die technische Vollendung, ohne welche allerdings auch keine vollkommene Darstellung gedacht werden kann. Denn ganz richtig sehen doch auch recht häufig diese unkünstlerischen Naturen, welche die Regel studieren, um zur Erkenntnis der Wahrheit zu kommen, ob die Formen eines Bildes natürlich und wahr, die Verse eines Gedichtes richtig gebaut, die musikalischen Harmonien nach den Gesetzen der Harmonielehre gebildet sind, und indem sie nur dies sehen und nie geblendet sind durch den Eindruck der Idee, die ihnen stets verborgen bleibt, bewahren sie die Kunst vor einem krankhaften Spiritualismus, welcher ihren Untergang herbeiführen würde. Denn es bleibt immer wahr, dass in der unvollständigen Form die Idee doch auch nur unvollständig erscheinen könne, in der verfehlten Form aber verfehlt sei.

Doch von der Darstellung ist oben ausführlicher gehandelt worden und hier hat nur noch bemerkt

90

werden sollen, wie deren erstes und unwillkürliches Resultat die Selbsterscheinung dessen sei, der darstellt. Doch nicht bildet dieser sich um seiner selbst willen, sondern er reicht sich nur dar als eine Schale mit fremdem Inhalte, als einen Spiegel, in welchem ein anderes erscheint. Denn die Idee ist nicht nur subjektiv eine Vorstellung, sondern auch wesentlich das zur Vorstellung Gelangende; sie ist nicht bloß ein Wahrnehmen, sondern das Wahrnehmen eines bestimmten Objektes.

Wenn nun dies Wahrnehmen rechter Art ist, so wird in formaler und idealer Hinsicht die künstlerische Schönheit zu Stande kommen können; ist aber auch zugleich das Wahrgenommene für sich dem Guten angehörig, so wird die Schönheit noch gesteigert sein, denn um höchste Schönheit zu gestalten, reicht der objektive Charakter der Idee noch keineswegs hin.

Das Gute aber in seiner höheren Bedeutung ist das Gott ähnliche und Gott ist das höchste Gut. Mithin kommt auch in ihm die Kunst erst ganz zu sich selber. Wo sich Gott offenbart, da ist die höchste Schönheit und Gott ist der höchste Gegenstand der schönen Kunst.

Somit kommt in dem ganzen Gebiete der Kunst, der heiligen Kunst, welche das höchste Gut meint, in aller und jeder Beziehung der oberste Rang zu. Ihre Gebilde sind die schönsten und ergreifen am mächtigsten die Empfindung, und die herrlichsten Werke der Kunst alter und neuer Zeit gehören sämtlich dem Gebiete des Heiligen an. Im Tempel- und Kirchenbau gipfelt die Architektur, die Musik im kanonischen Stil, in Psalmen und Oden die Dichtkunst, und die schönsten Werke der Malerei und Plastik sind Gestaltungen der Götter oder gottähnlicher Menschen.

So gelangt denn auch erst an den Stufen der Altäre die Kunst zu ihrem eigentlichen Zwecke, welcher in seiner höchsten Bedeutung ja nicht bloß Darstellung ist, sondern Darstellung des Schönsten, um das Beste lieb zu machen durch die Herrlichkeit seiner Erscheinung.

Dem Feuer gleich, das nach oben flammt, erwärmt und erleuchtet die höhere Kunst das Herz und weist die Seele hinauf nach ihrer ewigen Heimat, und gerade in diesem Fingerzeig nach oben liegt ihre höchste Individualität.

Wohl ahndete die Kunst der Alten diese ihre eigentliche Bedeutung, aber dennoch entsprach sie ihr nur unvollkommen. Sie erschaute wohl das Bild Gottes in der Kreatur und meinte ersteres in ihren schöneren Gebilden, aber sie verwechselte es auch wieder mit dem Bilde der Kreatur selbst. Sie erkannte im Menschen das Göttliche, aber sie vergöttlichte auch leider den Menschen, und so trübte sie das Bild Gottes durch das Bild des Tieres, welches der Mensch so gut als jenes trägt.

Indessen freut man sich doch der Zeugnisse antiker Kunst, die das Göttliche, das sie zu bilden strebte, in und durch sich selber erst erkennen musste, denn es wird nur Gleiches vom Gleichen erkannt und so zeugt die Kunst der alten Welt von einem göttlichen Sein im Menschen. Aber es trübt die Sünde, indem sie das Geschlecht der Menschen seiner höheren Natur entfremdet, auch die Erkenntnis Gottes, und erst dem Christentum als einem äußern Lichte, das unantastbar von der Verkehrtheit des Menschen in dessen verdunkeltes Leben hinein scheint, war es vorbehalten, Göttliches gegen Menschliches in sein wahres Verhältnis zu stellen.

Erst in diesem Lichte konnte das höchste Gut erkannt werden als die höchste Schönheit, welche wir in der Offenbarung Gottes fanden und erst in dieser Schönheit konnte die schöne Kunst ganz zu sich selber kommen.

So sind wir denn, nachdem wir die Kunst nach jenem Elemente hingeleiteten, in welchem sie einzig ganz erstarken, gesund, gut und schön werden kann, auf heiligem Grund und Boden angelangt, denn die Erkenntnis Gottes war der Strahl von oben, den wir früher schon als die Bedingung alles höheren Lebens fanden. Es liegt also jetzt nahe, dass wir uns das Verhältnis, in welchem die Kunst zum Christentum zu denken sei, noch klarer machen.

Alle Religion ist zunächst theoretisch Gotteserkenntnis und das ist die wahre Lebenswissen-
schaft, praktisch aber ist sie Gottesgestaltung im
Menschen und das ist die Kunst des Lebens.

Wenn wir aber weiter fragen, worin denn eigentlich die wahre Gotteserkenntnis begründet sei, so
möchte uns wohl eine dreifache Anschauungsweise entgegentreten und wir werden kaum irren,
wenn wir demnach die Religion auch dreifach begründet nennen und zwar

1) künstlerisch oder poetisch in der Schönheit der
Natur, welche in leisen Andeutungen Gottes Namen predigt und ihm Psalmen singt.

2) wissenschaftlich oder begrifflich, als Postulat
des Denkens, welches nach seinem Grunde fragt
und dem sein eigentlicher Gegenstand fehlen
würde, wenn es Gott nicht fände.

3) Geschichtlich in den Zeugnissen der heiligen
Geschichte von dem, was Herz und Verstand suchen.

Wir unterscheiden also die Religion als Gefühlsreligion, als Vernunftreligion und als geoffenbarte Religion, ohne jedoch hier mit denen streiten zu wollen, welche die in heiliger Schrift enthaltene Gotteserkenntnis nicht als übernatürliche Offenbarung erkennen, denn darauf kommt es hier nicht an, und so viel werden doch am Ende alle zugeben, dass wir, die wir heute leben, jene Erkenntnis nicht zu Stande brachten, sondern dass sie uns als ein objektiv fertig Gestaltetes entgegentritt.

Die Kunst nun und die Gefühlsreligion sind anfänglich Eins, denn obgleich die Kunst eigentlich das Vermögen zu bilden ist, so setzt doch notwendigerweise dies Vermögen ein andres voraus, nämlich das zu Bildende erst zu erkennen; daher in der Kunst selbst die Erkenntnis des Göttlichen liegt, welches sie bildend zu offenbaren strebt.

Indessen ist die Gotteserkenntnis, die in der Kunst allein gegeben ist, eine überaus mangelhafte und dunkle. Es ist eben nur die Ahndung eines Seins, welches von Ewigkeit ist, welches aber allerdings an sich schon seine sittliche Frucht hat. Es ist ein prophetischer Traum von dem Dasein dessen, das in dunkeln Rätseln aus den schönen Formen der Natur sich uns ankündigt, vor dem wir uns beugen und nach welchem wir uns sehnen.

Die Vernunftreligion gibt eben auch nicht viel mehr Licht. Der spekulativ aufgefundene Gott ist ein Begriff oder eine Vernunftidee, wie denn auch in diesem Gebiete Gott als der absolute Begriff bezeichnet wird und es bleibt uns der Wunsch, dieser Begriff möge noch irgendwie anders konkret werden als in der Wirklichkeit der Natur.

Indessen beide Erkenntnisweisen zusammen sind etwas mehr, und werden mit Freuden in dem geschichtlich offenbarten Gott die Realisierung ihres Traumes und die Bestätigung ihres Denkens erkennen, wo sie nur wirklich schon Erkenntnisweisen waren und nicht ein eitles Geschwätz.

Was in den Köpfen einzelner Denker, die in der Regel entweder schweigen oder nicht verstanden werden, oder was in dem Herzen einzelner Künstler gelebt haben mag, die sich in Bildern und Gleichnissen nur andeutend auszudrücken vermögen, wer mag das wissen! – So viel aber ist unleugbar und gewiss, dass sich sichtlich und deutlich wahrnehmbar die Religion nirgends so verständlich, so vollendet, die Anforderungen des Kopfes und Herzens so befriedigend, und so reich an sittlicher Frucht dargestellt habe, als im Christentum, dessen Anfänge im Judentume liegen, dessen Vollendung in Christo erschien und dessen vollständiger Realisierung wir entgegenhoffen.

So nennen wir denn unbedingt das Christentum die vollendet menschliche Gotteserkenntnis, die obgleich sie subjektiv einer unbegrenzten inneren Vervollständigung fähig ist, objektiv doch als fest abgegrenzt und fertig erscheint.

Wo nun diese durch Jesum Christum vermittelte Erkenntnis Gottes befruchtend auf den künstlerischen Sinn einwirkt und sich mittelst angemessener Formen in Bildern, Harmonien, Gesängen, Bauten und Zeremonien wieder ausspricht, da ist die christliche Kunst.

Es wird durch den Glauben der Christen ein Leben der Seele in Beziehung auf Gott möglich, welches außerdem wohl schwerlich irgendwie gelebt werden könnte. Hier gibt es eine Fülle von Begebenheiten, Erfahrungen, Empfindungen, die in der Sprache des gewöhnlichen Lebens schlechterdings unaussprechlich sind. Ja, die auch zu ehrwürdig, zu heilig, zu innig sind, als dass sie in die Formen der Sprache wieder einzukleiden wären, die auf dem Markte des Lebens gesprochen wird. Es sind die Geheimnisse des gottinnigen Seelenlebens, welche die Kunst als Ideen ergreift und ihnen einen Leib, eine Offenbarung zu geben strebt, die ihrer würdig sind.

Siehe da, was dir der hohe Dom in Köln predigt, was dir das Lied: „O Haupt voll Blut und Wunden" singt, oder was dich anschaut aus Meister Wilhelms schönem Bilde, wie möchte dir das anders gesagt werden?

Ja, es ist die Kunst eine notwendige Sprache der christlichen Kirche und es war eine Verirrung frommer Gemeinden, wenn sie die Kunst, diese Vermittlerin göttlicher Ideen, wegen des Missbrauchs, der mit ihr getrieben wird, aus ihrem Gottesdienste hinwegwiesen. Sie wollten, wenn sie beteten, den Ton der Geige nicht mehr hören, die auch bei trunkener Luft bacchantischer Gäste zum Tanze aufspielt, und bedachten nicht, dass auch die betende Lippe des Menschen entheiligt ist, durch den Missbrauch, den er mit der Sprache treibt.

Aber ganz los wurden sie die Kunst doch nicht, denn wenn auch Malerei, Skulptur und Architektur verschwanden, so blieben doch Poesie und Gesang als Ausdruck der Andacht und Gottinnigkeit der Gemeinde zurück, und wo auch diese möglichst verdrängt wurden, da blieb eine bilderreiche Sprache, welche leicht so überbilderreich wurde, dass sie dem, der außerhalb solcher Gemeinden stehend, deren Bedürfnis nicht kannte, durchaus als abgeschmackt erscheinen musste.

Das Christentum ist nicht gegeben worden in abstrakter Rede allein, sondern es ist wesentlich erschienen in der Form des lebendigen Lebens und es hat sich entwickelt in den mannigfaltigsten Begebenheiten, welche in ihrer Gesamtheit die heilige Geschichte bilden.

So wie nun diese Geschichte ihrerseits die Form war, in welcher die göttliche Wahrheit sich so deutlich, so ernst und so lieblich offenbarte, so wird sie auch wieder der bildenden Kunst zum reichen Stoff, auf die verständlichste, ergreifendste und rührendste Weise, in alten, ehrwürdigen, sich doch immer neugestaltenden Formen alle erdenklichen religiösen Ideen zu gestalten; während die Kunst der alten Welt, so arm an aller wirklichen Gottinnigkeit, genötigt war, allerlei naturphilosophische Abstrakta als allegorische Figuren hinzustellen, die sich frostig genug ausnehmen und stets zu Götzenbildern wurden.

Ja, es dankt die heilige Kunst dem Christentum recht eigentlich ihren Ursprung, indem dieses sie an sich hat als seine Form und naturgemäße Gestaltung, daher es weder abzusehen ist, warum das, was sie ins Leben rief, sie dem Tode preisgeben sollte, noch wie die Form verlassen werden könnte, ohne dem Inhalt Schaden zu tun.

In der Tat frägt es sich, ob die protestantische Kirche ihre Versandung in abstrakter Dürre nicht zum Teil auch dadurch verschuldet hat, dass sie jene Form des Lebens in Kultus und Predigt verließ. Gott offenbarte sich in sichtbar menschlicher Gestalt, unser Herr predigte in Gleichnissen und Bildern, und die Moral gestaltete sich so farbig und lebendig in heiligen Geschichten; ja, wäre das Christentum erschienen in Form einer rein begrifflichen Predigt, in drei vorher verkündigten Abteilungen, um ja die Aufmerksamkeit vom Inhalte ab der toten Form recht zuzuwenden, so wäre es fraglich, ob auch ein einziger Mensch sich bekehrt haben würde.

Ohne den mannigfaltigen Irrtümern, die in der römischen Kirche sich entwickelten, das Wort reden zu wollen, so hat sie doch darin kaum geirrt, dass sie die Kunst, der Religion so nahe verwandt, zur Trägerin ihres geistlichen Schatzes und zur Vermittlerin der göttlichen Wahrheit mit dem Verständnisse der Gemeinde machte und ihr somit die Ehre gab und die Stellung, die ihr gebührte.

So lange es noch eine Predigt in der Kirche gibt, kann dahin gewirkt werden, dass der blinde vornehme und geringe Pöbel nirgends den Schein für die Sache, das Kreuz für den Gott hält, und dies zu bewirken wäre auch der römischen Kirche nicht schwer geworden, wenn sie einmal nicht der Ansicht gewesen wäre, dass die große Masse nur zwischen Aberglauben und Unglauben zu wählen habe, oder wenn sie überhaupt, wie sie von Oben geleitet wird, etwas anderes ernstlich im Auge behalten könnte, als ihre weltliche Breite und Allgemeinheit.

Sucht man nun in wenig Worten ein Verhältnis der Kunst zum Christentum auszusprechen, so könnte vielleicht gesagt werden, die Kunst biete die Form dar für das sich objektiv außer dem Menschen gestaltende Christentum; das Christentum aber die Form für die subjektiv und innerlich den Menschen selbst gestaltende Kunst. Denn das Christentum ist eben die Kunst des Lebens, und wo und wie das Gute sich auch in uns gestalten möge, so wird die Form der christlichen ähnlich sein.

So haben wir denn die Kunst als Priesterin gesehen an heiliger Stätte und in einem Lichte, in welchem alles menschliche Fühlen, Denken und Handeln erst zu seiner Wahrheit kommt. Wir fanden sie hier als ein Wort vom Worte Gottes, als ein Organ des Glaubens, als Predigerin der Geheimnisse, die der Gemeinde vertraut sind, den besten Inhalt feiernd in schönster Form, die göttliche Wahrheit in Darstellung der heiligen Geschichte. Und wenn wir sie nun weiter in die niedrigeren Regionen des Lebens oder der Offenbarung des Göttlichen hinabgeleiten, so werden wir finden, wie sie auch hier immer noch dem guten Worte eines guten Gedankens gleicht, Zeugnis gebend von einem oberen und inneren Leben. Denn die Gottheit, insofern sie gesondert von der Kreatur als höchste Idee gedacht wird, ist nicht das einzige übersinnliche Gut und also auch nicht der einzige Gegenstand der schönen Kunst. Dennoch aber werden ihre Ideen auch in den untern Regionen, obgleich weniger des Göttlichen offenbarend, immer dem Guten angehörig bleiben müssen, bis endlich in dem Gebiete des Lächerlichen das objektiv Gute der Idee verschwindet und nur noch deren subjektive Seite als künstlerische Schönheit sich offenbaren kann.

Es bleibt das Licht, obgleich es nur an sich selber ganz Licht ist, indem es die Finsternis durchscheint bis in deren äußerste Tiefen, in allen seinen Degradationen und Potenzen doch immer Licht. Hier erscheint es als hell, dort weniger und am wenigsten hell, aber es erscheint immer als Licht.

Ähnlich wie dem Lichte die Finsternis, steht gegenüber das Geistige dem Materiellen, welches jenes an sich hat als sein Gegenteil, als seine Erscheinung und Form. Es durchdringt der gestaltende Geist Gottes die Materie bis an ihre äußersten Grenzen, hinab bis zum scheinbar toten Gestein, und wenn auch nicht immer als göttlich, bleibt er doch erkennbar als ein Gutes, als Kraft und als Leben, bis er sich entfaltend wieder zurückzieht und so das Übel, die Krankheit und den Tod bewirkt.

So wenden wir uns denn jetzt von dem Gebiete des Heiligen wieder ab und geleiten die Kunst von den Altären hinweg zunächst zurück in das Getriebe höheren menschlichen Lebens, wo sie uns denn entgegentritt mit ihren Palästen und öffentlichen Bauten, mit Symphonien und Konzerten, mit Heldengesängen und geschichtlichen Darstellungen.

Hier finden wir als Objekt der Kunst nicht gerade das Anbetungswürdige, Reingöttliche, sondern im Gegenteil das Reinmenschliche, als der Idee höherer allgemeinerer Menschheit entsprechend, entgegengesetzt der Besonderheit des Individuellen und der auch im Menschen vorhandenen tierischen Natur.

Fanden wir nun, um zu dem Bilde der Flammen zurückzukehren, die Kunst an heiliger Stätte ähnlich einem gerade aufsteigenden Feuer, von oben entzündet und nach oben weisend, gleich den Flammen auf dem Altare Abels, die mit reinem Lichte den Namen Gottes preist und sein Wesen veranschaulicht, welches Wärme, Licht und Reinheit ist, so vergleichen wir sie nun hier, ähnlicher der Natur des Menschen, einem bewegteren Dampf und Funken entwickelnden Feuer, das abwechselnd in dunkler Glut und mit freundlichem Lichte von dem Trotze und der Kraft, von der Liebe und Furcht des Menschen zeugt und zu offenbaren strebt, was im Menschen ist.

Wenn wir dort die Kunst ihren Stoff aus der heiligen Geschichte entlehnen sahen, so findet sie ihn hier in der Profangeschichte als Offenbarung dessen, was der Mensch eigentlich will, erstrebt und ist. Namentlich bieten sich hier der Poesie und bildenden Kunst die Gestalten jener Helden, welche in intellektueller oder bürgerlich sittlicher Überlegenheit in irgendeinem Konflikte mit feindlichen Prinzipien einen höheren menschlichen Gehalt offenbaren. Es führt uns die Geschichte auf den Tummelplatz der ungeheuren, alle Kräfte und Leidenschaften in Bewegung setzenden Anstrengungen, welche die menschliche Natur gemacht hat, zum Frieden, zu sich selbst, zu Gott zu kommen – Anstrengungen, die in der Regel durch den Irrtum zur Täuschung führten, weil sie aus der eignen Kraft hervorgingen und nicht aus der Gotteskraft, die in Verleugnung alles Eigenen liegt.

Ein Sehnen nach Erkenntnis ihres Grundes und ein Verlangen nach Vereinigung mit diesem liegt tief in dem Wesen der Kreatur. Aber sie weiß nur, dass sie und selten was sie begehrt. Indem sie Phantome für ihre Liebe hält, geht sie unter in der Umarmung von Gespenstern wie jener Bräutigam von Korinth. Daher begegnen wir in diesem Gebiete neben dem freudigen Ausdrucke kräftiger Bestrebungen auch dem Tragischen als dem Resultate verfehlter höherer Interessen und der richtigen Physionomie außergöttlicher Erfahrungen.

In diesem weiten Felde idealer Kunst, das seit den großen Siegen des Christentums weniger bebaut wurde, leistete vorzugsweise Vorzügliches die Kunst der Alten. Denn in Ermangelung einer heiligen Geschichte, in der sich wirklich Göttliches kundgetan hätte, und bei ihrer Neigung zum Pantheismus musste der antiken Welt die Profangeschichte als Offenbarung Gottes gelten, wie sie denn dies in gewisser Hinsicht auch ist.

Es waren daher die Alten genötigt, wollten sie Göttliches bilden, ihren Stoff entweder aus der Geschichte oder aus dem Bereiche ihrer Mythologien zu entlehnen, in welchen sich an sich auch nichts anderes als Menschliches ausspricht. Aber eben weil sie auf diese Weise das Menschliche vergötterten, so gewann unter ihren Händen der geschichtliche Stoff die höchste Bedeutung.

Was hier die Alten leisteten ist vielleicht mit alleiniger Ausnahme der Musik noch nicht wieder erreicht worden, da mit der Erscheinung des Christentums die Geschichte ihren göttlichen Nimbus verlor und die Kunst sich fast ausschließlich dem Dienste der Kirche zuwendete. Aber es kann und es wird das Verlorene wieder erscheinen, wenn unsere Zeit fortfährt, wie sie begonnen, sich vom Christentum ab dem Pantheismus wieder zuzuwenden. Wenn der Leuchter an heiliger Stätte umgestoßen und das Licht reiner Erkenntnis des lebendigen Gottes von der Weisheit der Zeit wird ausgeblasen sein, dann werden wir den Trost haben auf profanem Grund und Boden die Kunst in ihrer alten Kraft und Herrlichkeit wieder aufleben zu sehen.

Ja, schon jetzt verdunkelt sich mit dem Verständnis der heiligen Geschichte auch das Verständnis der heiligen Kunst und das Interesse wendet sich mächtig wieder dem Reinmenschlichen zu, das männiglich bekannter ist.

Die großen menschlichen Leidenschaften mit ihren frohen Aussichten und tragischen Resultaten sind allgemeiner erlebt und bekannt, als die passiven Zustände unter dem Kreuz mit der Frucht des Lebens und der Freude. Daher sich denn auch die schöne Kunst mit aller Kraft auf dem zufälligen Wege der Romantik dem Weltlichen wieder zuneigt, hier Größeres und in der Tat Erfreulicheres leistend als je vor dem seit den Zeiten der Alten.

Aber es ist, obschon das christliche Bewusstsein sich getrübt hat, doch auch die Vielgötterei noch nicht ins Mark des Volkes eingedrungen. Zwar ist die christliche Symbolik fast vergessen, aber die pantheistische wird noch weniger verstanden und unser Volk hat sich noch nicht an den göttlichen Nimbus und die Schläfen seiner Helden gewöhnt, wodurch ihm allein die Geschichte von höherer Bedeutung werden könnte.

Daher hat denn auch gegenwärtig die große Masse, sich an das haltend, was am meisten dem Grade ihrer Erkenntnis entspricht, ihre Gunst solchen Gegenständen der Kunst zugewendet, welche nicht dem Ideenkreise des geschichtlichen höheren Menschenlebens, sondern den individuellen Zuständen einer gehobeneren Alltäglichkeit angehören. Nicht Allgemeines, nicht der Natur der Geschichte des ganzen Geschlechts Angehöriges, sondern Besonderes, Individuelles zu gestalten wird nun die Aufgabe der Kunst.

So geleiten wir sie denn wieder hinweg von dem weiten Schauplatze der Geschichte auf den engeren des täglichen Verkehrs und uns dem Kreise des Familien- und gesellschaftlichen Lebens zuwendend, verlassen wir mit ihr die Burgen und Paläste der Könige und Helden. Aber auch hier ist Stoff die Fülle und berührt von dem Zauberstabe der Kunst gibt auch das kleinere Leben Kunde von einem schöneren lebendigen Gehalte.

Siehe da die reizenden Land- und Gartenhäuser und zierlichen Wohnungen der Menschen; es schmiegen sich zutraulich die individuellen Gefühle in Tänzen, Märschen und Liedern unserer Empfindung an und in Balladen und Romanzen gestalten sich die reizenden Begebenheiten der Blütenzeit des Lebens, während jene Augenblicke, denen wir zurufen möchten: Verweilet doch und eilt nicht so! – in Genrebildern bleibend werden.

Sowie wir aber im Gebiete des höheren Menschenlebens dem Tragischen begegneten, so findet sich hier in der Region des Traulichen und Gemütlichen gar leicht dessen nahverwandtes Andere ein. Denn indem es geschieht, dass das Individuelle treffend und wahr gestaltet wird, so kann es bisweilen Lachen erregen, z. B. wenn der Gegenstand ein völlig ordinärer ist, weil die Ehre, die solchem Dinge, indem es zum Objekte der Kunst wird, widerfährt, überrascht, und durch die Überraschung eine Gemütsbewegung verursacht wird, die sich nur als Heiterkeit gestalten kann. In solchem Falle scheint die Kunst, die doch mit Absicht handelte, in ihrem Gegenstande sich geirrt oder unwillkürlich ihren wahren Gegenstand verfehlt zu haben.

Hier finden wir in der Komik das Ende aller Wege der Kunst, und diese einer Flamme ähnlich, welche vom Wasser berührt, ihre Richtung verfehlend, prasselnd und zischend nach den Seiten ausfährt. Denn das Prinzip der Komik ist Verfehlung und nur insofern ist sie noch schöne Kunst, als sie entweder ihren verkehrten Gegenstand oder ihren Gegenstand verkehrt, dennoch in gehaltener, angemessener Weise darstellt, oder mit andern Worten, wenn auch Verfehltes, dieses doch nicht auf verfehlte Weise produziert.

Hiermit wäre nun, wenn auch nur flüchtig, eine Einteilung der Kunst angedeutet worden, weder nach ihren Modalitäten noch nach den besonderen Formen des Stils, sondern nach Maßgabe der Güte ihres Gegenstandes, und wir könnten nun wohl das Buch zuklappen und es für diesmal des Geredes genug sein lassen, wenn es uns wirklich jetzt schon trotz aller vorangegangenen Demonstration von allen zugegeben werden könnte, dass das Hauptresultat unserer Untersuchung ein richtiges sei, d. h. in Wahrheit nur da die höhere Schönheit zu Stande kommen könne, wo sie als Form eines idealen Guts erscheint.

Denn allerdings scheint hiergegen noch immer einige Erfahrung übrig zu bleiben, wenn wir z. B. in den Darstellungen des Jüngsten Gerichts den Gestalten der Verdammten und der Teufel, sowie schlechten Charakteren in der romantischen Literatur nicht missbräuchlich, sondern ganz gebräuchlich begegnen, da eine solche Darstellung des Bösen den Eindruck des Schönen, den wir empfangen, nicht hindert. Aber wir werden auch zugestehen müssen, dass hier keineswegs das Schlechte Objekt des Kunstwerks war, sondern dass es nur gebildet wurde, um durch den Kontrast irgendein Gutes zu verdeutlichen, so wie man etwa das dunkelste Schwarz in die Umgebung eines Weißen streicht, gar nicht um jenes, sondern gerade um dieses darzustellen.

So ist allerdings das Jüngste Gericht von Michelangelo ein Werk von hoher idealer Schönheit, aber hier bezieht sich auch die Idee auf durchaus nichts anderes als auf den imposanten Ernst der göttlichen Gerechtigkeit. Auch in dem berühmten Bilde der Kinder Eduards von Hildebrandt ist ja keineswegs die Untat gemeint und auch gar nicht dargestellt, sondern es tritt uns gerade hier die reinste kindliche Unschuld entgegen, welche durch die Andeutung des beabsichtigten Verbrechens nur verdeutlicht und hervorgehoben werden sollte. Ja, es ist sogar das Tragische jener Begebenheit in diesem Bilde, das einen lieblichen Eindruck macht, nur leise angedeutet.

Aber könnte man hier von Neuem einwerfen, was ist denn das Tragische selbst, das so oft zum Gegenstande idealer Dichtung wird, anderes als der

Ausdruck schweren Unglücks, das doch niemals als ein Gutes gedacht werden kann. Und allerdings ist das Tragische der Ausdruck verfehlter höherer Bestrebungen des Menschengeistes, aber gerade die Trauer über den Verlust dessen, was dem Herzen teuer war, ist, wenn sie sich auch bis zum Wahnsinn steigerte, doch immer ein hohes Zeugnis für den Adel der menschlichen Natur.

Wo eine höhere Liebe leidet oder weint, da ist die Trauer gut und ob im Kampfe mit dem feindlichen Geschicke die bessere Natur des Menschen siege oder unterliege, da ist sie es doch eigentlich, die von der Kunst gemeint ist und keineswegs das zerstörende und feindliche Prinzip.

So hat denn auch hier die Kunst wie überall, wo Schlechtes nicht missbräuchlich in schöne Form hineingelogen wird, allein nur Gutes im Auge, welches sich allenthalben als der naturgemäße Gegenstand derselben ausweist. Die Natur des Lichtes ist zu leuchten, aber die Bosheit gebraucht es gelegentlich auch wohl zum Blenden und so gibt es denn auch in der schönen Kunst ein weites

Gebiet des Missbrauchs, ein Gebiet, das die Bosheit nicht mit der Narrheit teilt, sondern ganz allein für sich in Anspruch nimmt.

Wir fanden früher als die Aufgabe und den rechten Gebrauch der schönen Kunst, Ideales, Unendliches und Göttliches, indem sie es in der Schönheit endlicher Formen bildet, zur näheren Anschauung zu bringen, dadurch, wie der treffliche Verfasser der Geschichte der Seele sagt, dem Geiste des Menschen von einem Sein der Ewigkeit zu zeugen und ein Sehnen in ihm zu wecken nach diesem Sein.

Ist aber dies der Gebrauch der Kunst, so bezeichnen wir als deren Missbrauch die gegenteilige Tendenz, Leibliches, Endliches, an sich Richtiges durch ungeheure Lüge zu vergeistigen, zu vergöttlichen und lieb zu machen, dadurch den Geist des Menschen fest zu halten an der Endlichkeit eines Seins und die Sehnsucht nach dem Ewigen und Göttlichen in ihm zu ersticken. Die Apotheose des Fleisches ist die Sünde der Kunst.

Unter Fleisch wird hier verstanden die Leiblichkeit und das leibliche Leben, nicht insofern es als Form des Geistigen dieses bedingt und gestaltet, sondern insofern es für sich sein wollend sich feindlich im Menschen dem Zuge der Seele nach dem Göttlichen entgegensetzt.

Aus dem Zuge nach dem Göttlichen, aus der Sehnsucht und dem Heimweh der Seele nach der Quelle ihres Daseins entspringt die göttliche Kunst, die wie ein guter Engel dem Menschen sich zugesellt mit voller Wahrheit im Schönen Gutes bildend. Aus dem Zuge der Seele nach dem Leiblichen, wo dieser Zug übermächtig wird, sodass auch der geistige Gehalt nach unten strebt und die Flamme verkehrt brennt, entspringt die teuflische Kunst, die schmeichlerische Verführerin, die trügerisch mit den Formen lebendiger Schönheit das Kranke, das Tote und Nichtige überkleidet, ihm dadurch einen Reiz leihend, den es an sich nicht hat.

Wie aber dies möglich sei nach unserer Theorie der Schönheit wird hier gefragt, wie es möglich sei, dass die Schönheit, die Form des Lebens, könne die des Todes werden? Freilich ist gesagt worden, dass das Schöne, wo es erscheint, als ein Gutes, das Hässliche aber als ein Schlechtes erkannt werde; aber es wurde auch gesagt, dass hier die Wahrheit die Vermittlerin sein müsse und keineswegs geleugnet, dass nicht auch beides, sowohl Gutes als Schlechtes in fremder erborgter Gestalt erscheinen könne.

In der äußern Natur kommt dies freilich niemals vor, denn die Natur ist immer wahr und wo ihrer freien Entwickelung keine Hindernisse entgegentreten, wird sie ihren guten Inhalt auch immer in schönen Formen zur Erscheinung bringen. Die Krähe, die sich mit Pfauenfedern schmückt und der Löwe in der Eifelshaut gehören beide der Fabel an.

Der Mensch aber tritt auf in allerlei Gestalt und leider selten in seiner eignen und wahren; denn dies könnte ohne Scham nur der tun, der zum Bilde Gottes wiedergeboren wäre. Wir Menschen, wie daran kein Mensch zweifelt, können nicht nur lügen, sondern lügen auch recht oft und so lügt denn auch unsre Kunst missbräuchlich bösen Gehalt in schöne Formen hinein, nach dem Beispiel des alten Vaters der Lüge, welcher wenig Erfolge seines Treibens sehen würde, wenn er sich zeigen wollte, wie er ist.

Dieses Feld des Missbrauchs in der schönen Kunst ist leider angebaut genug und sehr fruchtbar geworden, laut Zeugnis gebend von dem sittlichen Verderben des auch durch die Kunst zu hoher Herrlichkeit berufenen menschlichen Geschlechtes. Auf den Straßen, in den Häusern, in den Schlössern und den Hütten begegnet uns häufig dieser Zauber einer dunkeln, trügerischen Tiefe und das arme hintergangene Volk glaubt gern, was sich reime, schicke sich, was schimmere, sei das Gute und was so süß lächle, verheiße Frieden. Es ist immer noch die alte Schlange, die auf die Frucht des Todes weist, am Baume des Lebens gereift.

Dies ist ein Kapitel, welches wir wohl alle auch ohne erläuternde Bilder begreifen, daher wir uns nur im Allgemeinen erinnern an die zahlreichen bildlichen Darstellungen, an die Lieder, Novellen und Schauspiele, in denen an sich Nacktes, Schlechtes und Schändliches mit lügnerischer Schönheit herausgeputzt, auf eine solche Weise dargestellt wird, dass es Luft und Nacheiferung erregt.

Freilich kann auch in seiner wahren Unform oder in der Form einer inneren Lüge das Böse nicht erscheinen, weil vor einem solchen Kunstwerke alles davonlaufen würde und so erborgt auch hier der böse Feind die Gestalt eines Lichtengels, um desto sicherer seine Beute zu gewinnen, denn wo er mit Schweif und Pferdefuß erscheint, lohnt man ihm gerne mit einem Tintenfass vor dem Kopf.

Es hat eine fromme Richtung aus Missverstand die Kunst entbehrlich gefunden und sie hinweggewiesen von der heiligen Stätte, während ein finsterer Geist der Lüge in seinen klugen Agenten sich ihrer bemeistert und sie zum mächtigen Hebel seiner Zwecke gemacht hat, und wenn nun das arme Volk durch einen abstrakten Vortrag in den nackten Wänden der Kirche gelangweilt wird, amüsiert es sich desto besser auf den Bänken des Theaters und schlürft ganz arglos in dem niedlichen Tranke, den man ihm reicht, ein berauschendes, lebenverderbliches Gift.

Malerei und Dichtkunst sind es besonders, die durch den Missbrauch das reine Gebiet der Kunst befleckten, und die es verschuldeten, wenn frömmere Seelen allen Glaubens in der Kunst nur allein noch den Missbrauch erblickend, geradezu die sündliche Lust als den Grund und Ursprung derselben angesehen haben.

Aber nein, es ist das geistige Leben allezeit nur zu bereit, im Leiblichen unterzugehen und es bedarf das leibliche keiner Kunst, um gegen das Geistige sich zu behaupten. Stets ist die Finsternis geneigt, das Licht zu verschlucken, und sobald das Licht aufhört, aktiv zu sein, so ist die Finsternis nur noch allein da.

Das Göttliche in uns ist gleich dem Lichte, das Leibliche ist gleich der Finsternis, und wo das Licht in die Finsternis hinein scheint, da bildet sich die Welt der Farben. In allen Farben aber liegt eine Neigung zum Dunkel hin, denn sie sind umso mehr etwas für sich, sind umso individueller, als sie dem Lichte entsagen. Sie werden selbstständiger und brillanter, je näher sie der Finsternis sich zuneigen, in welcher sie dann plötzlich verlöschen.

Das Licht ist gleich dem Etwas, die Finsternis gleich Nichts – das Licht in uns aktiv zu erhalten ist die Aufgabe unseres Lebens und die Erhaltung desselben. Das Gute zu gestalten und nicht das Böse ist das Wesen der Kunst, und das Gute in sich zu gestalten ist der Zweck des Menschen und die Kunst des Lebens.

Wo das Gute nicht gestaltet wird, da bleibt auch die Gestalt des Guten aus und wo die Kunst des Lebens nicht geübt wird, da ist auch keine Lebensschönheit. Wo aber die Schönheit fehlt als wahre Form, da ist überall in der ganzen Natur die Krankheit, in welcher der Anfang des Todes liegt.

[Anmerkung: Die anschließenden Verbesserungen wurden in den Text eingearbeitet.]

Bremen. Druck und Verlag von Joh. Georg Heyse. 1842